宣明"发展的管理"丛书

参与式发展与扶贫

——云南永胜县的实践

陈思堂 著

商务印书馆

2012年·北京

图书在版编目(CIP)数据

参与式发展与扶贫：云南永胜县的实践/陈思堂著.—北京：商务印书馆，2012

（宣明"发展的管理"丛书）

ISBN 978-7-100-09018-6

Ⅰ.①参… Ⅱ.①陈… Ⅲ.①扶贫-概况-永胜县 Ⅳ.①F127.744

中国版本图书馆 CIP 数据核字(2012)第 050060 号

所有权利保留。

未经许可，不得以任何方式使用。

宣明"发展的管理"丛书
参与式发展与扶贫
——云南永胜县的实践

陈思堂 著

商 务 印 书 馆 出 版
（北京王府井大街36号 邮政编码100710）
商 务 印 书 馆 发 行
北 京 市 艺 辉 印 刷 厂 印 刷
ISBN 978-7-100-09018-6

2012年7月第1版	开本 880×1230 1/32
2012年7月北京第1次印刷	印张 7⅛

定价：25.00元

目　　录

丛书总序 …………………………………………………………… i
代　序 ……………………………………………………………… iii
前　言 ……………………………………………………………… 1

第一章　参与式发展与扶贫 ………………………………………… 1
第一节　对贫困的认识 ………………………………………… 1
第二节　贫困与发展 …………………………………………… 4
第三节　参与式发展 …………………………………………… 5
第四节　参与式发展实施主体——政府与非政府组织关系的研究 …………………………………………………… 26
第五节　参与式发展在中国 …………………………………… 51

第二章　研究方法及研究区域概况 ………………………………… 68
第一节　个案研究方法 ………………………………………… 68
第二节　永胜县概况 …………………………………………… 80
第三节　永胜县贫困成因分析 ………………………………… 93
第四节　参与式发展模式解决永胜县贫困问题的意义 …… 96

第三章　推行参与式发展的非政府组织——世界宣明会 ……… 99
第一节　世界宣明会简介 ……………………………………… 99
第二节　世界宣明会发展项目管理 …………………………… 110
第三节　世界宣明会的资源体系 ……………………………… 115

第四章　世界宣明会在永胜农村社区参与式发展工作 ………… 125
第一节　世界宣明会与政府在发展项目上的合作 ………… 125

第二节　世界宣明会与社区及地方政府的合作⋯⋯⋯⋯ 158
   第三节　永胜项目内容及实施效果评估⋯⋯⋯⋯⋯⋯ 166
第五章　参与式发展工作的实践总结⋯⋯⋯⋯⋯⋯⋯⋯⋯⋯ 179
   第一节　政府与非政府组织扶贫工作之比较⋯⋯⋯⋯ 179
   第二节　非政府组织对中国扶贫的作用⋯⋯⋯⋯⋯⋯ 184
   第三节　中国政府与非政府组织的关系⋯⋯⋯⋯⋯⋯ 188
   第四节　参与式发展工作中的若干发现⋯⋯⋯⋯⋯⋯ 192
参考文献⋯⋯⋯⋯⋯⋯⋯⋯⋯⋯⋯⋯⋯⋯⋯⋯⋯⋯⋯⋯⋯⋯ 199

丛书总序

对于发展工作者来说，特别是发展项目的管理者，无论从事的是具体的扶贫、社区发展项目，还是环境保护或社会服务，都会面临发展的原则与管理的原则之间协同与平衡的挑战。

作为发展工作者，他们需要具备对发展理念的深入和成熟理解，并形成其发展的原则，如以人为本、可持续性、参与和充权等。同时，他们还是管理者，他们需要对资源的有效分配和使用负责，即要遵循管理的原则。在实际操作中，发展的原则和管理的原则往往看似相互矛盾和相互抵触，如提高项目的参与和充权程度往往是以牺牲项目的效率和时间为代价的。

那么，如何使一个真正具有发展意义的项目或活动得到高效率、高效能的管理，即达到发展与管理的平衡与协同？这不仅是一门跨学科的综合科学，同时也是一门艺术，涉及众多的领域。在发展方面，有发展经济学、发展社会学、发展人类学和发展地理学等；在管理方面涉及战略管理、项目管理、催化（协作）与沟通、学习型组织、领导力等领域。虽然这些学科和领域大多有比较成熟的理论和方法，但要在具体的发展项目和活动中实践出来，却极具挑战性。

宣明"发展的管理"丛书就是希望透过发展工作者的视角，来探索发展的管理的理念和具体实践。丛书不仅试图有一定的理论性，更重要的是力图做到有较强的可操作性和可读性，以使丛书成为发展工作者的工具和参考。

丛书是世界宣明会(World Vision International)支持组织编写的。作为一个专门从事扶贫、救灾和发展的国际机构,宣明会衷心希望该丛书的出版能够为中国的扶贫与发展事业以及构建和谐社会贡献其绵薄之力。

陈思堂
世界宣明会中国办事处会长
前世界宣明会东亚区总监
前世界宣明会中国办事处总干事
2008年于香港

代　　序

　　提起陈思堂,许多人会想起那个功成名就的香港著名脑外科医生;他放下手术刀和优厚的收入,投身到祖国的扶贫与救灾的公益事业中,奔波于中国的偏远贫穷山区和救灾现场。有众多的人为他的传奇故事所感动和激励(我本人也是其中之一),却大都忽视了他在扶贫发展和 NGO 管理与领导工作方面的造诣和成就。

　　陈医生(业内的同事至今还习惯称呼他为医生)于 1995 年放下他心爱的手术刀,接手当时处于困境的香港世界宣明会(World Vision Hong Kong)。他通过数年的努力,将危机中的机构引领成为香港最具公信力和公众筹款能力的机构之一。之后,他又致力于宣明会中国办事处(World Vision International-China Office)的发展,将其由一个数十人在内地从事零星的救灾与扶贫项目的机构,发展成为一个拥有超过 700 名员工、项目遍布 17 个省份、年投入数以亿计的中国最具规模的从事扶贫、救灾与发展的境外民间机构。期间陈医生还曾担任世界宣明会东亚区总监,负责东亚 7 个国家的宣明会的管理和领导工作。陈医生可谓是一位涉及大规模公众筹款和项目管理领域的 NGO 跨国领导者。

　　陈医生于我可谓良师益友。他为人儒雅平实,谦和智识,多年来,他不仅重塑了作为境外 NGO 的宣明会,也影响了众多有志于公益事业、服务他人的年轻人(当年的我便是其中的一个);而藉着宣明会的项目，数以万计的贫穷人和灾民得到帮助、开始自立、进而帮助他人，也就是我们所追求的真正意义的发展。

陈医生在繁忙的工作之际，不忘持续学习与研究。他曾进修世界顶尖的EMBA课程、就读中国社科院攻读社会学博士学位。本书就是基于他的博士论文形成的。这里我们可以看到一位真正的NGO实践者和领导者从发展社会学的角度，以一个其经历其中的机构案例，来研究中国贫困与发展以及NGO的发展理念及其在中国的实践。这是一个极为复杂和颇具挑战性的课题。作者基于多年的NGO管理和领导实践，以世界宣明会在中国扶贫工作，特别是宣明会在中国云南永胜县十多年的社区发展项目为真实案例，对参与式发展在中国的实践进行了理论和实践上的深入探索。

本书实为从事扶贫与发展研究者和实践者一本难得的案头参考书。

王 超

世界宣明会中国办事处总干事

前　言

一、引言

贫困问题是全人类共同面对的严峻挑战，这一问题的解决离不开扶贫事业的大力发展。当前，参与式扶贫模式已被视为体现以社区为本、社区赋权理念的最佳发展工作方式。在这种模式形成和发展的过程中，非政府组织发挥了重要作用。在中国，世界宣明会吸取国际参与式的扶贫经验，十年来与地方政府密切合作，积极探索本土化的扶贫运作模式，在一些地区取得了宝贵的经验。我们相信，这些草根层面的实践无论是对其他在中国进行扶贫工作的国际发展组织，还是对正在考虑以何种模式与国际发展组织合作扶贫的政府部门，都具有借鉴意义。这些成功经验应该得以推广，并接受各方面的检验，才不会浪费这十年来双方共同努力而获得的宝贵成果。基于此，我们记录和分析了宣明会与地方政府在过去十多年共同摸索的合作经验，并将此间的困惑、思索、体会、感悟展现在大家的面前，希望对影响国内千万贫困人口的扶贫政策提供一些经验，对建构和谐社会作出一点贡献。

二、研究背景

(一) 参与式扶贫发展在国内的应用

参与式扶贫模式在国际上已被广泛认可,很多学者对此开展了深入的案例研究及项目评估工作,有大量的研究文献。但研究案例区主要集中在非洲、南美和中国以外的其他亚洲国家和地区,对于中国的研究非常少。近年来,中国相关扶贫部门对于参与式扶贫的推广不遗余力,但对与非政府组织在参与式扶贫方面的经验认识不够,政府在国内推行参与式项目的单位仍以地方政府部门为主,很少有非政府组织的参与,直至2006年,才开始邀请包括世界宣明会在内的3个国际扶贫组织参与多方合作的社区参与式扶贫试点项目。世界宣明会在过去的十几年间把其国际扶贫经验本土化,把参与式扶贫理念在永胜山区得以实践,取得了一定成果,对参与式扶贫模式如何在中国得到实践具有重要的启示作用。

(二) 非政府组织在国内工作的研究

首先,国内对于民间组织即社团的研究起步较早,如黄平等人对中国非营利部门做了详尽的分析,并进行了分类。然而,过去很多研究均以非福利性社团作为对象,而针对扶贫及社会福利社团关注不够,如王颖等人在萧山调查中发现,99家受调查的社团中只有3家是社会福利社团,当中没有专门的扶贫社团。不同发展领域的社团存在显著差异,所以以更多有关社会福利社团的研究是十分必要的[1]。本书对世界宣明会这样的扶贫机构的工作理念以及具体运作情况做了详细的介绍和分析,对国内非营利部门的研究有一定的启发作用。

其次,现存的研究多从宏观角度进行分析,其中,针对国家与社团关系的研究占大多数,很少有从中级尺度,甚至微观尺度来观察非营利组织的发展,如郭于华等[2]。还有部分学者如孙立平等对非营利组织的激励机制进行了研究[3]。目前,比较缺乏对于运作型非营利组织实际运作机制的深入研究。事实上,只有这样的研究才能为衡量国内非营利组织的运作水平提供可资参考的国际标准,并提供可为借鉴的经验。

再次,学术界对于非营利组织如何在农村进行综合扶贫开发工作的研究也比较少。现有文献中,对于开展社会服务的非营利组织的研究已属少数,而以农村发展为主要工作内容的非营利组织的研究更少。已有的很多小型扶贫组织,或者像开展"希望工程"那样大型项目的青基会等在农村扶贫的工作都是比较单一的,比较常见的是学校建设和提供助学方面的项目。还有一些由海外机构在中国开展的多为就其专长而发展的单一范畴的援助项目,如美国的"国际小母牛"项目,是以开展畜牧为主要工作[4-5]。很少有国际非营利组织涉及大型的综合性农村发展。然而,对解决中国农村地区的贫困而言,恰恰是这类大型的、综合的项目,才有足够的规模与影响力使项目发挥重要的作用。本书案例中,实施项目的世界宣明会就是一个综合发展机构,其工作经验对如何帮助贫困山区的农村社区脱离贫困具有一定的启示作用。

(三)中国政府与非政府组织在扶贫领域的合作研究

非政府组织在中国扶贫发展工作中的重要作用,使得中国政府开始重视与非政府组织的全面合作。在2006年世界银行的"社区主导型发展项目"中,中央政府、地方政府、国际机构、国际非政府组织联合起来共同实践真正的社区参与式发展项目。中国政府对于社区参与式发展模式的认同，对于国际非政府组织在参与式发展经验的认可，促成了双方更多的合作。

但是，在中国国情下，面对内陆地区贫困问题的迫切需要，不少的国际非政府组织空有扶贫的资源和意愿，却因许多实际问题而裹足不前，都在摸索、观望及等待。非政府组织如何与政府建立互信的关系，如何对扶贫项目进行监控，以及彼此如何在磨合的过程中把遇到的困难一一克服，都是亟待解决的问题。这些问题在学界已经引发了理论上的探讨，一些学者对双方合作上的制度约束、社会资源方面的约束等等进行了研究[6]。但中国地方政府与非政府组织具体合作的案例研究却少之又少。地方政府与在当地开展扶贫项目的扶贫组织彼此如何合作、在项目运作过程中出现过什么问题以及如何解决等内容可以说是近乎空白。正如陈锦棠提出的："就是今天，中国政府跟非营利组织的关系仍是处于相互适应的探索期，未来有多种可能性等待双方去探讨。而在扶贫领域的政府与非政府组织合作模式的探索，应可以作为整个第三部门的借鉴[7]。"本书的重点正是针对政府与非政府组织合作关系的研究，可以很好地填补这一领域的不足。

三、研究内容

本书主题环绕贫困与发展，以世界宣明会在云南省永胜县贫困社区的扶贫发展工作为案例，记录和分析了宣明会在过去十年来如何将其国际扶贫经验引入国内，如何与地方政府建立互信关系，如何在项目进程中彼此合作、互补不足，如何将参与式扶贫模式本土化，如何把赋权的扶贫理念在永胜山区进行实践，如何结合本土智慧，协助地方实现区域脱贫和可持续发展,并对政府与非政府机构这两种社会秩序主导体系间的互动加以分析,对发展社会学的新领域进行了开拓。

全书具体论述了以下内容:

(一)社会发展观念的演化及参与式扶贫方法在国际和国内的实践经验

本书综述了过去50年发展社会学如何从以现代化理论的单一理论为基础,发展到采纳依附理论,直到后来形成世界体系理论的演化过程。过去一段时间以来,在实践中仿效西方发达国家,以西方传统发展理论为基础的发展模式并未给发展中国家带来预期的发展,反而引发了一系列的社会经济问题,如文化冲突、通货膨胀、经济结构失调、大规模失业、贫富两极分化等等[8]。

在对传统发展思想不断反思的过程中,以经济增长为中心的思想逐渐受到挑战,而以人为中心的社会发展理论、可持续发展理论等开始受到各方重视。以人为本的社会发展观强调人是社会发展的动力,也是发展的目的。随着阿玛蒂亚·森(Amartya Sen)把发展看为赋予人各样的自由[9],联合国开发署(United Nations Development Program,UNDP)也在其《以人为中心的发展报告》中指出:"发展的中心含义,是增加人们'选择的机会',而达到此目的之关键,是赋权(Empowerment)[10]。"加拿大国际开发署(Canadian International Development Agency,CIDA)曾为赋权做过这样的界定:"赋权是指人能支配自己的生活,制定自己的生活议程,获得技能,建立信心,解决问题,能够自立[8]。"

要达到赋权的目的,国际公认的最佳途径是参与式的扶贫模式。

本书介绍了参与式扶贫开发概念被引进中国,并且成为中央政府扶贫部门未来减贫策略所采用的重要手段。目前,参与式的概念已为地方政府所熟悉,以参与模式进行的扶贫项目越来越多,但其中也有一些由政府推行的参与式项目。如一些文献指出的,很多由政府推行的参与式项目,只限于口号上的参与,参与发言的只是少数社区中的精英,最需要帮助的人群仍然被边缘化,没有参与的途径。这不是真正意义上的赋权,"参与"流于表面化和形式化。如何让扶贫项目真正实现社区参与是推行扶贫发展工作面临的巨大挑战,在这方面,非政府组织长期以来以人为本,由下而上的工作特点使其成为推行社区参与式发展理想的另一主体。正如一些学者所言:"要达到真正以人为中心,穷人真正有参与的发展,民间组织在反贫困领域的作用是政府无法替代的[11]。"

(二)国际发展组织兴起及其在全球扶贫工作上的角色、贡献以及与政府的合作趋势

"二战"后,全球出现了大量扶贫慈善组织性质的非政府组织,这些组织致力于帮助贫穷落后国家的贫困社区进行发展工作,公民社会参与扶贫的热潮方兴未艾。本书综述了过去近60年的世界发展经验,介绍了一些大型国际扶贫组织,它们不但能动员大量民间的扶贫捐资,还吸引了大批对扶贫工作充满热情的社会人士参与扶贫发展工作,将资金和人力资源结合到发展工作中,不断改进扶贫模式,优化项目管理系统,开启了很多关于发展的创新理念。本书也介绍了目前很多国家政府及联合国、世界银行等国际发展组织对这些非政府组织参与扶贫的重视,各国政府与非政府组织如何建立紧密合作关系,发挥优势,让扶贫发展项目达到成效最大化的事例。

(三)世界宣明会与案例区——永胜县地方政府的伙伴关系以及该合作模式对参与式扶贫实践的作用

关于政府与非政府组织的合作,本书首先介绍了世界宣明会的背景及各种项目管理制度,让读者了解其工作内容、项目操作特点及资金来源。之后,详细描述了世界宣明会与永胜县政府在扶贫项目上的合作模式和体制安排,也指出这种特殊的合作模式如何促进双方的良好沟通,从而建立相互信任的基础。这一合作基础使整个项目实施更有地方针对性,项目管理和推进有更多的创新,如永胜之窗、农民培训中心和永胜县农村社区发展协会等。

(四)永胜县长期贫困的成因及参与式扶贫所能提供的解决方案

永胜县贫困乡村是我国西部内陆典型的深山农村社区,其困境也是不少国家重点贫困县所共同面对的。地理位置偏远、自然资源缺乏以及气候条件对于农业等产业的限制,一直以来是其贫困的主要因素。但历史上,这些地区也有过经济发展的辉煌时期。由此可见,贫困的客观原因固然存在,但未必直接导致贫困,总有一些人力可以改变的因素能带来区域发展的契机。

经分析,一方面,本书发现永胜县多年来在教育及医疗卫生方面投入不足,妇女面对的性别问题严重,人力资本非常薄弱;另一方面,由于农村基础建设匮乏,交通不便,社区与外界缺少交流,社会资本极其匮乏,这些因素都是物质和自然资本以外的关键的发展制约,在政府长期以来的扶贫发展项目中并未受到足够的重视。同时,政府也没有适当的扶贫方法针对这些特殊的制约因素。非政府扶贫机构所提倡的参与式扶贫工作模式,对于解决以上问题提供了有效的模式,即透过由下而上的社区工作,以扶贫到户为目标,重视农村人力资本的培养。在永胜,引进微型企业概念、发展滚动贷款、促进市场信息的学习等一系列创新措施,已经为永胜打开了发展的大门。

四、研究框架

第一章介绍了本书工作的核心:贫困对当前人类发展的挑战及参与式发展工作对于中国区域扶贫的意义。过去50多年,发展理念不断演变,社会发展学的发展理念逐渐由以国家现代化为焦点的理论演变成以人为中心的现代发展观,参与式扶贫模式也逐渐被认为是体现以社区为本、赋权予贫困人口的最佳工作方式。同时,该章也概述了参与式扶贫模式由国际引入中国的过程,介绍了国际非政府组织的源起及发展历史,讨论了目前社会发展领域对解决贫困问题的思考,近年国际间参与式扶贫开发模式的不断创新,各国政府与非营利组织在扶贫领域紧密合作关系的发展趋势。

第二章介绍案例区——云南省永胜县,包括区域地理环境、气候条件等自然背景,综述其社会、经济及文化现状,收集永胜贫困山村居民生活的现状数据,分析其贫困成因。同时,以这些数据为基础,度量世界宣明会社区参与项目开展之后十几年间的变化,找出参与式扶贫开发模式带来的扶贫成效。另外,该章还重点介绍了本书案例研究所使用的研究方法、操作路线和对于本书研究内容的意义。

第三章以客观资料从不同角度对世界宣明会这一大型国际发展机构进行介绍,重点分析了该机构在资金管理、项目操作以及与各级政府合作的成功经验。分析过程中作者回答了一系列问题:这是一个怎样的机构?它的历史由来是怎样的?它如何来到中国工作?它用什么资源去推展项目？它以什么制度去推行永胜这样的发展项目？它的组织架构是怎样的？它的机构政策制定过程又是怎样的？世界宣明会的详细介绍有助于读者了解其社区参与式扶贫的理念和经验；同时，认识其成功的项目实施很大程度上有赖于机构与各级政府的良好合作关系，这一良好关系是建立在一定的原则和共同的期望之上的。

第四章是本书的重点，介绍了永胜县政府与世界宣明会在扶贫发展项目上的成功合作模式。该模式从一开始便设定了项目未来十几年的管理制度、人员编制、政府与世界宣明会合作过程中的权利、责任等等，为项目的持续开展奠定了坚实的基础，使得双方期望看到的社区参与式扶贫能在贫困社区得到高效施行，并取得满意成果。该章深入分析了参与式扶贫理念如何在永胜项目中实践，介绍了项目的背景、设计理念、不同阶段的实践内容以及十几年后对项目成效的评估结果。为了更全面地评估项目成效，一方面采用了内外部评估相结合的方式，除了世界宣明会机构本身的评估外，还邀请了国内著名专家学者进行独立评估，为项目提供更为客观的信息和建议；另一方面，项目还采取非正式的评估方式，从合作伙伴角度进行评估，通过无结构访谈，了解地方政府对双方合作模式以及社区参与式扶贫效果的意见。同时，透过面向社区的调研，作者走访了多个项目乡村，广泛收集社区贫困人群对扶贫项目的反馈信息，对项目进行了多角度的综合评估。社区参与式扶贫的主体——社区贫困人群对于项目的评价作为项目是否成功的关键依据。

第五章总结了非政府组织与政府在扶贫发展工作中的实践经验，特别讨论了非政府组织与政府合作扶贫的模式与重点；同时，也对在永胜这样的贫困农村社区实践参与式发展过程中遇到的若干问题和困惑进行了总结和探讨。虽然各方面的反馈都肯定了项目为社区贫困人群带来了发展和改变,但本书仍然坚持从参与式扶贫的角度,对项目社区贫困人群参与的深度和广度问题以及参与赋权的程度进行了反思,再对"永胜模式",即世界宣明会与地方政府合作模式对参与式扶贫实践所起的作用进行了深入讨论,希望借此探寻贫困农村的真正发展之路。

第一章 参与式发展与扶贫

第一节 对贫困的认识

进入21世纪,人类社会的发展取得空前成就,太空科技可以让我们探索无垠的宇宙,生命科技可以让我们复制器官甚至生命,然而,让人感到矛盾和困惑的,是人类社会正同时面临着日趋严峻的贫困问题。今天,全世界的贫困人口超越了历史上的任何一个时期,而其贫困程度,则比以前更为严重。

贫困问题若得不到解决,将引起更多更为复杂的社会问题,如社会动荡、环境破坏、气候变化、自然灾害频繁,等等,威胁人类社会的健康发展。

有鉴于此,联合国早已确立了千年发展目标,把减除贫困定为第一重任,希望在2015年前把全球12亿绝对贫困人口减半。而贫困人口主要集中在农村,农村社区的减贫工作可以增加粮食供应,避免贫困人口大规模向城市流动等。

事实上,贫困现象自古有之,在近代之前,对这一问题的研究一般停留在描述现象及哲学层面的讨论。到了近代,随着社会及工业化发展,贫困问题日趋严重,从经济学及社会学角度对贫困问题的研究开始逐步兴起。

吴忠民等总结目前的贫困理论:"在工业革命前的西欧社会,人们普遍认为贫困主要是由个人原因,例如疾病、伤残及懒惰所造成的,所以解决方法也主要环绕个人、家庭以及提供少量的社会救济等。工业革命后,生产力的迅速提高使经济空前繁荣起来;但是贫困问题并没有随着经济的发展而自动消失,即使在欧美发达的资本主义国家,相对贫穷甚至绝对贫困依然在低下阶层的人口中普遍存在,并对社会造成很大的冲击[12]。"因此,19世纪后期以来,研究者逐渐放弃了把贫困归为个人原因的思路,开始从社会方面寻找导致贫困的深层根源,得出了相当数量的关于贫困成因的经济学及社会学理论。下面是社会学对贫困理论的不同见解。

个体主义贫困论在西方,尤其在美国比较流行。这一观点认为,既然社会中的机会是均等的,那么一个人若陷在贫困中,受责备的应该是他自己。当然,这些学者也承认,在某些特殊环境之下,个人对其贫困并无办法,所以也不对其负有责任,如伤残者、老人等处于贫困之中的弱者[13]。

贫困结构论者视贫困为社会结构和社会制度的一部分。在此框架之下,又有几种不同的具体解释。首先是"二元劳动市场论",认为,在现代社会中,贫富主要是由职业收入的高低来决定,而社会上大致存在两种劳动市场:一种是高收入、福利优越的劳动市场,进入此市场者自然成为高收入的富裕者;另一种是低收入、待遇差、福利低劣的劳动市场,其受雇者多是贫穷人。这两种不同的劳动市场是由教育、文凭、家庭背景、经历等多种原因造成的。"社会制度论"则将贫困的主因归结为占主导地位的社会制度,持这种观点的学者认为社会制度形成后,也形成了不同阶层的发展机会,穷人很难脱离其阶层而向上流动[12]。对今日中国的情况而言,城乡二元社会结构是造成农村贫困的一个重要因素[14]。

贫困功能论的学者认为,贫困之所以长期在社会中存在,是因其对社会的运行发挥着某些正面功能。美国社会学家甘斯就曾经从10个方面列举了贫困对社会的正面功能:包括穷人的存在保证了社会上一些肮脏、危险、低贱的工作有人去做;穷人的存在也为社会造就了不少相关的行业,例如社会工作者、警察、心理治疗师等;穷人是旧货物的主要使用者,延长了旧衣服、房屋、汽车等物品的使用寿命等。此说法有明显的片面性,因而经常受到抨击,是较为争议性的论点。

贫困文化论认为,穷人由于长期生存于贫困的环境之中,慢慢形成了一套特定的生活方式、行为规范及价值观念体系。这种"亚文化"一旦形成,便会对周围环境的人(包括下一代)产生影响,从而代代相传,于是贫困便在这种亚文化的保护下维持下去。因此,想要消除贫困就必须改造贫困文化,教穷人接受积极上进、不断奋斗的价值观文化。

与贫困文化论相反,贫困处境论认为,造成贫困的责任不在穷人本身,而在穷人所处的环境。因为价值观的形成受制于所处的环境,穷人所处的相对恶劣环境决定了他们贫困文化的形成。贫困处境论者主张把治理贫困的重点放在改造他们的经济条件。

贫困恶性循环论认为,贫困者常处于一种在贫困中越陷越深的境地,即所谓的贫困恶性循环。莫伊尼汉认为:生活在困境中的穷人,由于从小就受到贫困文化的熏陶而缺少了向上的动力,也难以有较高的成就动机,低成就动机导致低社会流动,受教育机会少而求学动机弱,引致个人质素偏低,这又引致就业的竞争力薄弱,竞争力薄弱使其只能进入低收入行业,处于低地位状态,低收入及低地位使其更加贫穷,贫困就是这样不断循环在这些群体之中[12]。

第二节 贫困与发展

第二次世界大战结束后,饱受战争蹂躏的国家纷纷自废墟中重建。人类从两次大规模的毁灭性战争中体会到了和平的可贵,和平与发展成为世界共同的渴望。联合国的成立,体现着各国共同努力的意愿:以维持长久的和平环境去保证人类社会得以向前发展。与此同时,随着世界殖民系统的瓦解,众多殖民地国家先后取得政治独立,开始致力于发展自身的经济。西方资本主义强国如美国等,也提出了像马歇尔计划等对外援助计划,帮助世界经济的复原。国际间的合作,促成了像世界银行等国际金融机构的成立,协助落后国家的发展。在这种大环境下,发展社会学也在20世纪70年代应运而生,为全球发展提供理论基础。在和平的世界秩序之下,世界前景充满了希望,人类社会的发展与进步,看来指日可待。

然而,在经过了大半个世纪、踏进另一个新纪元的今天,虽然再没有大规模的毁灭性战争,但人类社会全面发展的期望不但没有兑现,全球的贫困问题反而比过去任何一个时期都更为严重。根据世界银行2001年发表的《世界发展报告》,全球60亿人口中,贫困人口占了将近一半(28亿);他们每天的收入不到2美元,其中有12亿人更属于绝对贫穷,每天的收入不到1美元,生存受到威胁[15]。前世界银行总裁沃尔芬森(Wolfensohn)更悲观地预测,在未来的25年中,还会有多达20亿人坠进贫困的困局中,这些贫困人口主要分布在发展中国家[15]。

无论从经济或社会的角度看,贫困都是社会发展的最大障碍。当今世界的贫困问题,是人类必须共同面对的严峻挑战。

第三节 参与式发展

一、参与式发展相关概念和理论

（一）参与式发展理念的由来

参与式发展概念从何而来？参与式发展概念出现之前发展工作是怎样开展的？参与式发展背后的理念又是什么？

20世纪50年代,国际发展的主流模式是社区发展,主要是围绕城乡社区进行基础设施建设。而参与的理念在当时是指动员和鼓励地方群众参与建设及管理基础设施,这只是一种管理手段,发展的决策者仍然是官员或从事发展工作的专家。社区发展虽然促进了社区的参与,但却服务于一个既定的目标,即所有的控制和决策仍然是由社区外部人群做出的,社区并不被看做有必要参与决策项目的内容和方向[16]。

经过20多年的全球实践,发展项目工作者发现,群众在发展项目的选择、实施、监测、评估及管理过程中的有效参与是确保项目成功的首要条件。参与式发展项目是要让贫困村民参与到项目的设计、实施以及成效的评估过程之中,发展项目不再由官员或专家们所专管,应该由包括社区中贫困人群的利益相关各方共同决策。参与不再是手段,也变成了发展的目的。

最早把参与式发展模式引进中国的学者之一,中国农业大学李小云教授这样描述参与式发展的概念:"参与式发展的核心是赋权。而赋权的核心则是对参与和决策发展援助活动的全过程的权力的再分配。简言之,即增加社区和穷人与妇女在发展活动中的发言权和决策权。传统的发展方法将重点定位于经济领域,而参与式的发展方法则将重点定位于'人'的发展上:对人的尊重,尤其是对社会弱势群体的尊重,对基本人权的保障和全面发展[16]。"也就是说,贫困人群缺乏的是发展的机会,而不是缺乏发展的能力,贫困人群最了解自身的问题,有能力提出解决的方案。

尽管参与式发展已被国际公认为扶贫发展的最佳做法,但在中国的国情之下,参与式发展工作是否同样可以得到有效的实施,是否能够收到预期的成效,仍然是个有待论证的课题。本书在分析参与式发展在中国推行时遇到的挑战主要包括以下几方面。

1. 长久以来政府由上而下的国家治理传统

几千年来,政府官员都是以父母官的心态进行国家的治理,尤其是贫困地区的地方政府,几乎都有一个共同的思维方式,即是认为贫困地区的百姓素质低,不懂如何解决问题,也不会为自己做决定。所以过去的扶贫项目都是由不同的政府部门,以自上而下的方式决定下来的。让群众参与到项目决策过程中被视为费时费力、缺乏效率。

群众在这样的历史过程中,普遍养成了被动的心态,对自身能力存疑,不习惯也不知道如何表达自己的意见。他们没有参与的经验,也没有参与的期望,要改变这种依赖、被动的心态,需要大量的时间和工作。

2. 民间组织的缺乏

国际经验显示,民间组织是在开展参与式发展工作过程中地方政府与社区之间最佳的桥梁。由于民间组织的自发性,对协助施行自下而上的以社区为本的参与式发展项目最有成效。中国国情与国际社会不同,改革开放之前,所有社会责任都由政府承担,没有民间组织承担社会服务的传统。改革开放之后,即使现在,非政府组织的管理法规依然有待完善,在贫困地区服务的民间组织仍是少数,而很多地方政府对这些不熟悉的民间组织存有戒心,更谈不上在工作上进行合作。

3. 地方政府对参与式发展模式的态度

地方政府干部一般对参与式发展模式缺乏了解,不明白贫困人群最缺乏的是发展的机会。他们普遍有一种近乎固定的思维方式,认为群众素质低下,没有能力。过去的扶贫项目,都是由自上而下的方式决定下来的,缺乏贫困人群的参与,缺乏向群体赋权,也缺乏与群众互动的经验[17]。

参与式发展,不单是行政程序的改变,更涉及权力结构改变的问题。一向掌控绝对行政权力的地方政府干部,是否愿意把扶贫开发的决策权交给社区中的贫困人群,避免赋权冲突的出现,是社区参与能否真正成功的关键所在。没有地方政府的同意,社区参与的活动不可能进行,没有地方政府的通力合作,形式化的参与式发展模式的项目也不能取得真正的成效。所以,如何改变地方政府对社区参与的态度,改变地方干部的想法,得到他们的支持和合作,是推行参与式发展的先决条件。这些互动关系也是本书的主要研究内容。

(二) 参与式发展的历史

参与式发展理念有着长远的历史,早在1962年,甘地在印度已开始在当地社区推动由村民参与的合作社活动,来对抗现代化及殖民地统治的侵害[18]。另一个具影响力的声音来自保罗·弗莱雷(Paulo Freire),他认为,最贫穷的一群,必须联合起来,积极参与到社区事务中以改变自己的命运[19]。这些重要的言论带来了20世纪50年代第一次有关参与式发展模式的普及热潮。到了60年代,在非洲、亚洲及拉丁美洲有60个国家在美国国际开发署(United States Agency for International Development, USAID)的资助下开展了社区参与式发展项目[20]。

然而到了60年代中期,支持这些项目的资金无以为继,很多项目相继结束。怀特(White)曾经感叹,当时的扶贫发展资助机构如何"轻率地把一个扶贫模式建立,却又很快地失去兴趣,让其项目崩溃[20]"。随着当时流行的经济学理论[21-22],多数的资助机构选择了由国家去提供公共物品及服务。

然而到了80年代,很多大型的、由政府推动的开发项目都以失败告终,公共资源迅速败坏,造成环境及生态破坏,贫困情况加剧。因此,让地区社群参与管治的发展模式再次引起注意。钱伯斯(Chambers)把参与式发展理念引入较小规模的开发项目,让贫穷人群获得发展信息,而发展工作者则退到一个催化者和引进资源者的角色[23]。另外,社会学者埃斯科巴(Escobar)和斯科特(Scott)等则大力批评那些由上而下:不以社区为本的扶贫项目是如何的无效,并使受助人产生依赖[24-25]。同一时期,印度的自雇妇女协会项目:巴基斯坦的奥兰吉(Orangi)贫民窟项目及非洲坦桑尼亚的伊林加(Iringa)营养项目等,都因采用了参与式发展模式而成为典型的成功案例。

森(Sen)随后提出了具有重大影响力的概念,他把发展的概念从物质层面拓展到"能力提升"层面。他认为,贫穷人群不只缺乏物资,更重要的是没有得到建立能力的机会,故此失去了发展的自由和机会。社区如果能够参与到项目过程中,让贫困人群自己做出决定,掌握自己的命运[2,26],才能获得真正的发展。这一概念的提出对以社区为本的发展模式起到了极大的推动作用。

在众多学者的推动之下,参与式发展很快成为世界银行和其他社会发展机构所重视的模式[27]。参与不仅被用作确定社区中哪些是最有需要的贫困人群的工具,更成了建立草根社区组织、建设社区能力的重要手段[28]。世界银行2002年的《世界发展报告2000/2001》指出,赋权是发展的重要策略,而世界银行对项目的资助,也会把社区参与视为提供公共服务的重要元素[29]。

综上可见,在40多年的发展过程中,参与式发展模式由最初对抗殖民主义和反现代化的运动,发展到成为扶贫发展事业中被广泛接受的主流思想。

(三)参与式发展模式的具体内容

1. 参与

以社区为本的精神,是动员受惠社区成员使其主动参与到项目的设计及推行中。参与的重要性之一在于把地方的知识带进项目决策过程中。当受惠者参加影响自身利益的决策时,参与遂成为自发,社区有了表达的声音,亦给予成员选择的权利,即赋权[30]。

2. 社区

参与式发展通常是在一个地域单元中进行,称之为社区。社区的特征是其内聚性质,一般是同一个行政辖区,居民有共同的生活方式和文化传统,是有共同利益的相关者。在中国,社区通常指位于同一地理区域,受同一地理环境(如气候)影响,或者是这一区域有很多使某些人群聚集居住的原因。发展工作者要明白在这样的社区中依然有很多不同的社群,其中的权力分布及利益关系可能是错综复杂的,不能简单视作一体。

3. 社会资本

社会资本首见于20世纪初汉尼芬(Hanifan)对美国郊区学校社区的讨论,用来描述社区中互相扶持、善意同情及关系网络等正面价值。后来,很多学者谈到参与式发展时,都引用社会资本的概念,形容项目的成果为"建立社会资本"[31],或是"为贫穷人创造资本"[32]。布特南定义社会资本为"社区人士当中的组织、结构,例如互相信任、价值观念及人际网络等,都是可以透过协调行动以促进社区效能的[33]"。

(四)对参与式发展模式效果的评价

20世纪60年代,参与的概念首先出现于社区发展的框架之中。当时的参与,是指动员社区内的受助群众参与建设及管理社区的基础设施。社区为本(Community Based Development,CBD)的发展模式迅速成为增长最快的资助模式。所谓社区为本,是指在扶贫项目中让受惠社区的成员积极参与项目的设计、实施及管理。而基于同一理念,进一步延伸为让社区成员直接参与决策的模式,称为社区主导发展模式(Community Driven Development,CDD)。这一模式的特点是让社区更直接参与项目的重要决策,包括项目资金的运用等。

根据世界银行经济专家曼苏里(Mansuri)和拉奥(Rao)的保守估计,作为国际扶贫资金主要来源的世界银行所借出的扶贫款项,给予社区为本模式项目的金额,由1996年的3.6亿美元,增加至2003年的3 000亿美元[30]。

东热(Dongier)等在世界银行的减贫策略资源文件中着力推荐社区为本的扶贫模式。他罗列了社区参与的各种优势,包括了能增进项目的持续性、增加项目效率及效果、赋权给最贫穷的人、建立社区内的社会资本、增强管治等等。世界银行对社区为本发展模式的认同,使该模式成为其综合发展项目框架的基石,更成为赋权予社区中弱势群体的一个重要环节[28,31]。

1. 对参与式发展模式效果的肯定

参与式发展模式的其中一个作用,是让社区人群参与自己的选择决定。社区人群拥有地方知识和地方智慧,通过发动社区参与,把这些地方智慧融合在项目设计中,便能使项目更有针对性,更能使目标人群受益。这些地方智慧包含的信息是外来者不容易掌握的,这也解释了让社区贫困人群最终受益对各个组织和政府的扶贫项目来说为什么那么困难[23,34-36]。

参与式发展模式的另一个作用是取向性的瞄准(Preference targeting)。通过社区的参与,可以使受惠社区所获得的援助与其需要更加吻合。拉奥及艾宾斯(Ibanez)对牙买加社区投资基金进行的研究针对了取向的配对,他们研究 5 个社区中的取向配对问题,发现近 80％的社区人士对项目的选择表示满意[37],远比其他发展模式为高。

社区为本的发展,对公共服务的提供也常带来更佳的效益。赫瓦贾(Khwaja)在巴基斯坦北部阿迦汗(Agha Khan)农村社区支持项目中做了调研,将当地不同村落中的公共服务做随机抽样,比较有社区参与及没有社区参与的村落中公共服务的情况。他发现有社区参与的村落,公共服务设施比没有参与的地区有更好的保养,也能提供更有效率的服务[38]。

芬斯特布斯(Finsterbush)及范温科林(Van Wincklin)对 52 个美国国际开发署(USAID)的项目进行调研,发现社区参与能够使技术相对简单的项目实施更有成效。他们也发现参与式模式在较高发展水平的国家相对更有效果[39]。

帕克森(Paxson)及夏帝(Schady)在秘鲁的研究也证明社区的参与令社区能更有效地使用公共服务[40]。蔡斯(Chase)及舍本·本茨(Sherburne Benz)对赞比亚社会基金项目的调研也做出了相同的结论[41]。

纽曼(Newman)等在南美玻利维亚进行的社会基金的研究发现,有社区参与的卫生项目成功地降低了 5 岁以下儿童的死亡率。同时,他也发现,只有当社区参与在项目过程之中,才能成功地令水利工程中的水质及供水系统得到保证[42]。

金恩(King)及奥斯勒(Ozler)在尼加拉瓜比较了有社区参与及没有社区参与的教育项目。有参与的学校不单在建筑上、更在日后的管理责任上让社区参与其中,其权责甚至包括了校监的任免、校舍的保养及教育质量的提高。他们的研究发现有这样参与机会的学生在公开考试中的成绩明显优于没有参与管理的学生的成绩[43]。

吉梅内斯(Jimenez)及沢田(Sawada)在萨尔瓦多对社区参与管理的学校进行研究,发现这些学校的学生比政府创办学校的学生更少缺课。吉梅内斯(Jimenez)及帕秋尔(Paqueo)在菲律宾学校的调研发现,社区参与建校及管理的学校运作得更具效率[44]。

卡茨(Katz)及萨拉(Sara)1997年分析了几个国家的水利项目,他们发现,当社区参与决定哪一种水利工程最符合其需要时,项目的成效最为显著。而其他没有社区参与管理的水利项目,即交由私人承建商营造的,都有质量低劣的现象。他们同时发现,当社区能参与这些项目的决策及管理时,社区往往更乐意自愿承担部分成本,因为他们觉得自己投入的资源仍在自己的控制之下。当社区被要求投入但却不能参与项目时,他们会视其投入为被征收了税项,而非因接受服务而有部分的付出[45]。

同样,艾沙姆(Isham)及卡汉姆(Kahkahan)在印度尼西亚、印度及斯里兰卡水利项目的研究也印证了社区若有更大的参与,项目的水质及供应更有成效,这更反映在公共卫生数据的提升上。他们提出这样的高效产出,是基于项目使社区透过集合行动(Collective Action)建立了高度的社会资本,大量的参与令项目的设计及监控更加紧密[46-47]。拉奥及艾宾斯在牙买加社会投资基金的调研也得出同样的结论,即集体行动让基金的运用更为成功。没有组织、缺乏参与的社区不单不容易获得发展款项,在有款项进行发展项目时出问题的可能性也大[37]。

与以上的观察相呼应,芬斯特布斯(Finsterbusch)及范温科林(Van Wicklin III)在检视USAID项目时明确指出有参与成分的项目能增加计划的成效,特别是在建立社区集体行动的能力建设上[48]。

参与对发展项目的可持续性也有很大的关系。卡瓦加(Khwaja)发现在喜马拉雅山上的项目中有社区参与管理的项目比由政府管理的项目更有持续性[38]。卡茨及萨拉同样发现在供水系统的管理上,社区的参与跟可持续性有很强的关系[45]。

2. 对参与式发展模式效果的争议

参与式发展模式固然为大多数非政府组织(Non-Governmental Organization, NGO)及学者所拥戴,然而,业界对社区为本模式的基本理论并非全然接受。一直以来,也有发展工作者对参与式发展的实际效果存有怀疑。

萨墨斯(Summers)对社区为本概念中提倡建立草根社区组织(Local Institutions)的适宜性提出怀疑。他指出这些新成立的地区组织难免会与地方政府架构之间发生冲突[49]。

哈里斯(Harriss)、莫斯(Mosse)及库克(Cooke)等不约而同地指出,当大型的发展项目在一定的时限内必须完成,项目工作人员在时间压力之下如何把社区为本模式内的种种复杂概念行动化,是项目理想能否达到的症结所在。一般而言,工作人员的利益与社区利益并不一致,他往往会选择较快及容易的工作方法,而不能真正地赋权于最有需要的群体或建立真正的草根组织来公平地把权力均分[50-52]。

一直以来,很多经济学家对社区为本的扶贫概念都持批判态度。奥尔森(Qolson)及哈丁(Garrett Hardin)早在20世纪70年代已对集体行动存疑。奥尔森指出:"若非有外来压力推动,理性地寻找自我利益的个体不会行动起来去追求公众的利益。"他指出,社群中一定存在一些企图"搭便车"的人,他们的消极不参与会最终使集体行动失败[21]。哈丁在1992年所发表的著名文章"公共物品的悲哀"(Tragedy of the commons)中指出,在个人利益优先的想法下,公共物品只会被滥用,而没有人会保养顾惜。所有的集体利益及行动只是空谈[53]。

德姆塞茨(Demsetz)及诺思(North)同样指出公众的物业资源一定会被滥用,除非有政府的监察及保护。在一众经济学家的影响下,当时的公众社区服务项目都转成由政府提供,而将注意力集中于私有业权的界定[54-55]。

参与式发展模式在实践上也不断受到挑战。首先的批评认为,由社区参与选择,要聆听他们的声音是需要高成本的。这些以人为本的工作需要大量的时间,不能一蹴而就。而要最弱势的群体积极参与在社区事务中,对他们来说,也要很大的付出。除了时间上的付出,也要冒得罪部分既得利益人群的风险。到底他们是否参与,或者是否只是表面化的、肤浅的所谓参与,在实践之前是没有绝对把握的。

另一个批评,是有关成本效益的考虑。提倡社区参与的其中一个重要功能,是项目能达到更佳的成本效益。很多社区设施,例如水管、学校等,都能以更低廉的成本得到保养。但在南美洲及非洲的项目研究中,都有人提出这些节省下来的成本,实际上是由当地社区提供,所谓参与只是一种变相的强迫劳动,贫穷者在压力下要付出劳力或配对资金[56]。社区为本的模式的一个理论,是认为透过社区参与地方事务,可改变政府的官僚作风。但社区参与能否改变或影响当地的官僚架构(政府或捐助机构)的一贯由上而下的作风亦成疑问。

莫斯研究了几个非常强调社区参与的项目后发现,很多所谓从参与中得出的"地方智慧(Local Knowledge)",其实只是项目计划中的假设及当地人际政治的见解。所谓社区参与，通常是组织一些大型群众活动，并没有既定的目标参与人选。这些活动含有影响决策的功能，故此也很有政治性，很多在当地拥有权力的族群穿插其中，以影响最终的决定来争取自身的利益。他也发现外来的项目工作人员将自己机构的议程包装成"地方智慧"，当地的"需要"往往跟该项目既定目标不约而同地吻合。当地人也乐于与项目工作者一同玩"一场游戏"，因为他们发现这个过程留给自己一个争取个人利益的空间，整个所谓参与式的社区活动，只是为了满足资助者对社区参与的要求而已[51]。

艾德曼(Alderman)对阿尔巴尼亚的一个经济支持项目进行了评估，该项目设计是对该社区最贫穷的20%人口提供经济援助。部分的提供是通过当地社区人群参与组成的公社，而部分是通过当地政府进行。他发现地方政府能更为准确地把援助带给最贫穷的人群。虽然他的结论是政府掌握了一些社区没有的信息，故能更有效地对焦最贫穷的人群，但已经令人对社区参与的成效产生怀疑[57]。

此外，科迪(Coady)也发现，社区参与的中心能够有效地把项目的目标对准一些贫困社区，但对于社区中哪些是最有需要的贫困家庭，却并非做得准确。他在墨西哥"机会"项目[墨西哥PROGRESA（即Oportunidades）项目]的调研发现，单由政府人口普查资料找出的目标，比社区参与所产生的目标群体更为准确地找出最有需要的人群[58]。

同样帕克森(Paxson)及夏帝(Schady)在秘鲁弗朗科迪斯(Foncodes)地区的研究也发现社区参与能准确地指出最穷困的地区，却不能瞄准社区内最贫困的家庭[40]。

社区参与能否改善公众服务的提供值得探讨。一般而言，公共服务的提供,一是由政府管理,二是由社区参与管理。不少的研究肯定了有社区参与管理公共服务比较有效[43-44],但也有研究持相反论点。霍迪诺特(Hoddinott)在南非比较了社区参与和项目中人员成功受雇的关系,发现参与并没有对项目成功带来贡献[59]。

更重要的一个结论,是很多本意是让社区参与的项目最终被社区的精英所垄断。卡茨(Katz)及萨拉(Saru)检视全球不同的水利项目,发现在很多情况下,项目的利益被社区领袖及精英所垄断,根本没有让其他社区成员参与在项目之内[45]。

阿格瓦尔(Agarwal)在印度及尼泊尔的社区为本林业项目研究发现,当地的妇女完全没有机会参与[60]。拉奥(Rao)及艾宾斯(Ibanez)发现牙买加的一个社区发展项目中,较富有及教育水平高的社区精英控制了所谓社区的决策过程[37]。亚伯拉罕(Abraham)和简·菲利普·普拉图(Jean-Philippe Platteau)对非洲撒哈拉沙漠以南的研究发现非洲农村社区通常被独裁专制的部落领袖所控制,而所谓社区参与过程实在是由该领导操纵,他们把整个参与过程扭曲,而因为讯息的贫乏和不对称,项目利益被他们掠夺而不为人知[61]。

社区精英的影响在某程度上是不能避免的。他们通常是社区领袖,拥有政治式精神权力。整个社区往往只有他们才有能力与外界沟通并管理内部事务。但他们的高度参与却同时让项目中真正的社区大众参与打了折扣,因为他们的垄断,其他贫困的社区人群的参与变得不受鼓励甚至被阻止。

二、从发展社会学的视野看参与式发展模式

(一)发展理论的演变概况

在过去 60 年间,社会发展理论经历了不同阶段的蜕变。而尽管

科技不断进步,半数人口仍然在贫困中挣扎。为什么这些理论未能兑现其带领人类脱离贫困、迈向发展的承诺呢?

第二次世界大战后,大量从殖民体系独立的新兴国家以及在贫困中挣扎的第三世界国家正力图改变其贫困落后的状况。在这样的环境下,发展社会学开始成为社会学的一个分支,并提出不同的社会发展理论,为世界欠发达国家脱离贫困、迈向发展道路提供理论研究基础。

20世纪50年代是发展理论的第一阶段,其理论主要建构在现代化理论基础之上。现代化理论以欧美的发展经验为蓝本,从其社会和政治的角度探讨发展中国家不发达的原因。该理论认为这些欠发展的国家仍处于传统社会阶段,若要过渡到现代社会阶段,必须采纳西方的文化价值观念,才能完成转化过程[62]。

现代化理论接纳了古典社会学对社会变革的两极理论,认为西方国家的社会、文化、政治特征即为现代社会的特征。这种把世界分为传统社会与现代社会的二分法,把贫困落后而欠发展的原因归咎于社会的内部。它认为在传统社会及现代社会的变革过程中,有一个临界的"中心点",必须过了该中心点,传统社会才会进入现代社会,传统社会未能突破中心点,是因为其社会本土内部的"传统性"阻碍了其接受西方模式。

现代化理论以欧美社会作为发展的独一模式,并作为所有发展中国家的指标,有着以偏赅全的缺点,也未能在实践中兑现其带来发展的承诺。在该理论的影响下,很多欠发达国家于20世纪50年代末开始引进外国资本、对西方开放、接纳西方科技的一系列措施。在联合国主持下,西方也以资金及技术的形式给予这些国家支持。实践证明,这些计划虽不能说完全没有成效,但最大的问题是经济虽然有增长,却为当地带来了更多的社会动荡、政治混乱、经济对外依赖等种种问题,贫困问题并没有得到根本解决。

发展理论第二阶段的依附理论,来自20世纪60年代的拉丁美洲。当地在1950年经历了短暂的经济复苏之后,很快又陷入了发展停顿,处于失业率高升、通货膨胀严重、贸易滑坡等的困境之中。随着大规模贫困而来的社会动荡,政局更替,贫富差距日益扩大,让拉美各国大部分研究发展的学者都对现代化理论感到失望,大家开始寻找替代的发展理论,拉美依附学派遂应运而生。依附理论的核心思想是以西方发达国家组成的"中心"以及其他"外围"欠发展国家之间不平等关系来解释发展中国家欠发达的原因。西方殖民者的侵入,令非西方国家本身的经济生产方式及社会结构受到破坏,之后更以不平等的国际贸易关系,使"边陲"国家不得不依附在"中心"国家四周,备受剥削。贫困的国家未能发展的原因不在其内部,而在由外部而来的西方发达国家带来的剥削。所谓国际自由贸易的规则,是西方掠夺的一种方式。与现代化理论刚刚相反,第三世界国家不但不能重复西方发达国家走过的道路,更必须打破对西方的依赖,走自力更生的道路。

依附理论提供了另一个视角,打破了西方现代化理论的主导地位,批判了现代化理论"传统与现代"的二分法。然而依附理论本身也犯了过于简单的二分看法,即"发达"与"欠发达"、"核心"与"边陲"、"都市"与"卫星"等观念,依然有两极化的毛病。它认为发展与依附是互不兼容的,要有发展,就必须打破西方发达国家的依附。

20世纪70年代中期,沃勒斯坦(Wallerstein)等人提出了世界系统理论,很快便把发展理论带进第三阶段[63]。沃氏把整个世界视作一个统一的整体。这个观点避免了现代化理论单纯注重个别国家的现代化过程,也避免了依附理论把世界简单地划分为中心与边陲的二分法。他把发展的分析单位定为"世界体系",强调当代世界乃一个整体,并不是一些自给自足的社会体系。由于全球性区域划分,每个国家及地区皆担当着不同经济角色。在资本主义经济体系当中,自然地生出了核心、半边陲及边陲的三个不同层次,这就是世界体系的结构。任何一个国家都不可能单独脱离世界体系,而世界体系也不是永远静态的框架,其结构在不断地发生变化而重组。

在发展理论演变的过程中,可以发现几个关键性问题:发展的内因和外因的争议、西方发达国家对发展中国家所起的作用以及现代化因素的共性和个性之矛盾。现代化理论将发展的原因单一放在社会内部,依附理论将不发展的原因归于外部西方列强的剥削,但其实内外的因素都应加以分析考虑。在这方面,世界体系理论无疑提供了一个较为全面的解释。

(二) 以人为中心的发展观

上述的几种发展理论都是单纯以经济角度去看发展,经济的增长几乎就被等同于发展和进步,但却忽视了制度、社会和文化的因素。工业化、城市化被视为发展的唯一道路及指标。世界发展的历史却证明了经济增长并不一定带来发展。在早期经济增长观的理论下,很多发展中国家出现了"有增长、无发展",甚至增长引来"恶性发展"的现象。以国民生产总值为核心的经济增长,并没有舒缓发展中国家的贫困,也没有解决失业、社会动荡、贫富两极分化等社会问题,反而增加了环境污染、能源消耗等生态问题。这些贫困国家市民的生活质量持续下降。种种在发展实践中出现的问题,迫使人们反思:什么是真正的发展? 发展的主体应该是谁?

在反思的过程中,人们开始发现,在传统发展思想中最为人所忽视的问题是发展中国家的社会及其市民,尤其是当中的弱势群体、边缘人群和广大穷人的意愿。这些觉悟推进了以人为本发展观的兴起[1]。

以人为中心的发展观强调"人"是发展理论的制定及完善者,人既是发展的动力,也是发展的目的。人的全面发展既包括人的体力、智力、文化素养、道德操守、价值观念和思维方式的发展与提升,也包括生态、社会、政治、民主、法制、艺术、伦理等自然社会文化生存环境的改善与提高,以及国与国之间、人与人之间和人类代与代之间的公平与和谐发展。这观念使 UNDP 在 1990 年《人类发展报告》中提出人类发展指数(Human Development Index,HDI),该指数由三个指标所构成:预期寿命、成人识字率和生活水平(人均国内生产总值)[2]。自此,联合国每年均量度并发表全球每个国家(地区)的 HDI。

其实以人为中心的发展思想最早兴起于 20 世纪 80 年代中后期。当时的学者们指出,发展的含义若单以经济指标为准,实在过于狭隘。1998 年诺贝尔经济学奖得主阿玛蒂亚·森对狭隘的发展观念作出批判:"狭隘的发展观,包括发展就等于国民生产总值(Gross National Product,GNP)增长,或个人收入提高,或工业化,或技术进步,或社会现代化的观念。……今天的世界就总体而言,达到了前所未有的丰裕。但它还远远没有为大多数的人们提供初步的自由[64]。"

随后,森提出更高层次的发展观:发展应被视为拓展人们享有真实自由的一个过程。森提倡"自由应该是发展的首要目的,自由也是促进发展的不可或缺之重要手段。……自由是实质的。即享受人们有理由珍惜的那种生活的可行能力"。具体地说,"实质自由包括免受困苦,诸如饥饿、营养不良、可避免的疾病、过早死亡等基本的可行能力,以及能够认字、算数、享受政治参与等等的自由[64]。"

森的发展观得到 UNDP 的认同。在他的影响下,世界银行、亚洲发展银行等资助发展机构开始把发展的观念由国民生产总值(GNP)的提高转移到贫困人口的个人生活的实质自由的提高,而发展的含义等同赋权的观念也日趋普及。加拿大国际开发署 1999 年指出:"赋权是指人能支配自己的生活,制定自己的生活议程,获得技能,建立信心,解决问题,能够自立[65]。"而 UNDP 在其《以人为中心的发展报告》中指出,发展的中心含义是"增加人们选择的机会"。中国政府也在进入新世纪的关键时刻提出了"以人为本"和可持续发展的科学发展观[2]。

(三) 以人为本的发展观与参与式发展模式

如果发展的核心在于赋权,那么达到此目的的最佳方法应该是参与式的发展模式。有学者指出:"参与式的发展关键点是赋权,而赋权的核心则是对发展援助活动全部过程中,参与权力和决策权力的再分配[1]。"参与式发展力求增加社区中穷人和妇女在发展活动中的参与权和发言权。这比早期的社区发展概念中强调社区的被动参与更进一步,要求他们也参加在决策过程之中。对社区内部的社区精英(包括了社区正式和非正式的领导等)来说,这是一个赋权给穷人和妇女等社会边缘化群体的过程。这样的赋权,能使社区中被边缘化的群体对自身的能力、自信和尊严重新建立起来,对建构社区的自我发展能力和增加社区的社会资本来说,这是至为重要的。

发展社会学的另一个关注点,是现代化发展的资源和动力,是内源的还是外源的问题。中国因现代化起步较晚，属后发型国家。后发型国家的优势是可以参照其他国家的标准和榜样，借鉴其他国家的发展经验、制度和技术优势，接受其一定的教训以避开风险，降低成本，用较短时间完成先发国家用较长时段才完成的现代化。如果在实施追赶型经济战略的时候，只顾刻意模仿或硬性移植，忽略本国国情，很容易会抑制个人的自由意志和经济动机[66]。

所以，在引进国外经验和发展模式的同时，应该加以一个合理化与本土化的过程。后发国家作为发展主体，在模仿或借鉴西方合理化过程时，也有一个使之不断本土化的趋势[67]。不仅如此，后发国家的现代化同时也是先发模式的本土化过程，即把先发国家合理的制度模式和文化价值移植和借鉴过来，纳入本土社会，与自身传统兼容，以便很好地化解"舶来"和"本土"、"功利"和"价值"等一系列矛盾[66]。

参与式发展模式是国际间扶贫经验的积累。世界宣明会把参与式发展引入中国，并非是不假思索的强行移植，乃是通过长期的社区工作，以达到合理化与本土化的步骤与过程，其中特别注重本地智慧和资源的运用。这观念正印证了沈红在谈到参与式发展时所指出的："参与式方法是一种外部干预和内源结合的行动方式，目的是有效发掘穷人作为发展主体的潜力[68]。"

从另一个角度来看，宣明会以在海外民间筹得的资源推行发展工作，是以外源性的资源来带动地区的发展。然而宣明会和参与式发展的基本理念，是以人为中心和相信群众的能力，尊重并力图运用地方智慧来作为经济发展的基础的。以云南省永胜县为例，这项目从开始便借用了当地的人力资源，地方政府的技术和物力，加上社区百姓的传统智慧，以外源带动内源来推行本土化。这正和联合国教科文组织所倡导的一样:"通过动员各个社会现有的资源和潜在能力并发挥其价值,力求满足人民群众的实际需要,特别是处境最不利的群众的需要,同时保持其文化特性,尊重各国人民个性的真正充分发展。"内源性原则强调发展必须是建立在自力更生基础上的,是以内生为主的发展。它主要是依靠自己的人力和物力,根据自己拥有的资源从事发展,而不是过多地依赖外部条件,制定过多不合实际情况、难以实现的计划进行发展[69]。

(四)国际参与式发展工作概况

改革开放以来,我国开始接触国际扶贫机构并吸收全球扶贫经验。这个与世界接轨的过程对政府的扶贫策略产生了很大的影响。

反贫困事业并无国界之分,日趋严重的贫困问题困扰着全世界。国际扶贫援助机构的出现,体现了国际间的支持与合作,为整个人类的反贫发展起了强大的推动作用。国际扶贫援助机构可分为多边及双边等类型。多边组织主要是联合国系统的机构,包括世界银行、亚洲开发银行、联合国开发计划署(UNDP)、粮食计划署和农发基金会、粮农组织和人口基金会、联合国儿童基金会等。双边机构包括一些发达国家的国际开发署和驻外使馆的援助项目,例如澳大利亚开发署(The Australian Agency for International Development,AUSAID)、加拿大开发署(Canadian International Development Agency,CIDA)、德国技术合作公司(Deutsche Gesellschaft für Technische Zusammenarbeit,GTZ)等。

另一股在国际扶贫发展工作上发挥强大作用的力量来自民间的非政府发展组织。第二次世界大战前后,世界各地民间涌现了大批的志愿组织从事扶贫、救济等慈善活动。这些人道非政府组织的出现,有其独特的背景及因素,对跨国界的扶贫济困起了重大的作用。在联合国的推动下,目前,在全球几乎所有国家都存在由非政府组织组成的庞大的非营利部门进行慈善捐输及各种的社会服务[70]。

其中,少数较为成功的非政府组织,以扶贫为目标致力于国际间贫困落后的农村小区推行发展工作。由于贫困、饥荒以及各样的天灾不绝,它们在过去的数十年间不断壮大,在不同国家的发展工作中累积了大量经验。这些国际扶贫发展机构在非洲、拉丁美洲以及亚洲等发展中国家推动扶贫发展项目,成绩有目共睹,在国际间获得广泛的认可及支持。其中,有些贡献较为突出的机构,不但善于推行发展扶贫项目,更有庞大的民间捐助网络,具备强大的筹款能力,每年都在国际社会筹募大量资金,无须受富国的政治左右,独立进行人道救援工作。目前国际上很多的扶贫开发项目都是通过这些国际非政府组织进行的。

相对于官方发展组织而言,非政府组织具有灵活、多样的特点。自改革开放以来,不少的国际扶贫发展非政府组织已先后进入中国,在贫困地区以项目形式开展扶贫工作。早有学者指出,"自下而上的参与式途径,一直是国际 NGO 在中国扶贫开发中倡导的工作方式。这些 NGO 在当今参与式途径的广泛应用中,起到了重要的推动作用[71]。"

中国政府的扶贫开发工作,主要依靠自己的力量。然而,自改革开放以来,中国也开始重视与国际社会在扶贫领域的交流和合作。1995 年,为了更好引进国际社会的资金和技术,国务院批准成立了国务院扶贫办外资管理中心,标志着中国开始有计划、有组织、大规模地引进国际资金和经验用于国内的扶贫开发工作。此外,政府也对国际扶贫所采用的扶贫方法及其背后的理念进行借鉴及学习。

2001年国务院新闻办发表了《中国的农村扶贫开发白皮书》,从中可以看到中国政府对国际扶贫经验的重视,白皮书指出:"中国政府认为积极开展扶贫领域的国际交流合作,不仅有利于加快解决本国贫困人口的温饱问题,而且有助于通过借鉴国际社会多年积累的扶贫经验和成功的扶贫方式,提高中国扶贫开发的整体水平。自20世纪90年代以来,中国政府积极探索借鉴国际反贫经验,不断扩大与国际组织在扶贫领域的合作,并有了明显进展……一些国家、国际组织和非政府组织也与中国在扶贫领域开展了广泛的合作。联合国开发计划署在中国开展了一些扶贫开发项目和研究项目。欧盟、英国政府、荷兰政府、日本政府、德国技术合作公司、亚洲开发银行、福特基金会、日本凯尔、日本协力银行、世界宣明会、香港乐施会等也都在中国开展了扶贫开发项目,并取得了很好的成效[72]。"

中国政府借鉴国际多年的扶贫经验后,放弃了早年分散救济扶贫的方式,改为坚持开发式扶贫的方针。开发式扶贫包括几个方面内容:倡导鼓励自力更生,以工代赈鼓励农民投工投劳,贴息贷款帮助农户,以市场为导向发展种植养殖事业,开发技术培训,提倡开发水土与保护环境相结合,达到可持续发展目标。而让小区人群参与在扶贫项目之中是目前开发式扶贫的重点模式。

第四节 参与式发展实施主体——政府与非政府组织关系的研究

一、非政府组织(NGO)的由来

非政府组织的名称始自1945年,由当年成立的联合国首先使用。民间团体固然有更悠久的历史，但"非政府组织"名词却是当年首创。它的出现源于当时联合国架构下的社会经济议会（Economic and Social Council, ECOSO）。为了明确这类组织与两类国际组织的不同，遂赋以新名称用以区别。一类组织是由多国政府协议成立的特殊功能组织（Specialized Agencies, established by Intergovernmental Agreement），其与 ECOSO 之关系录入《联合国宪章》第 70 条内（Article 70 of the UN Charter）；而另一类与政府没有关系的民间组织则称之为非政府组织，并于《联合国宪章》第 71 条内记载，与 ECOSO 有适度的咨询关系。自此，特殊功能组织（Specialized Agencies）及非政府组织两名称成为联合国内的常用词汇。而非政府组织（NGO）一词更自 20 世纪 70 年代开始，广泛流传于民间及学界，成为日常用语[73]。

由此可见，非政府组织一词的原意是分别由政府设立的功能组织及与政府无关的民间组织，背后并无任何与政府对抗或非议政府的含义。

自 20 世纪 70 年代开始，国际学术界对非政府组织的研究热情高涨，大有方兴未艾之势。在不同的时空背景下，学者们在文献中用了一大批不同的名称来描述大同小异的现象。综合来说，以下一系列不同的名称，都是对非政府组织共通的描述：

① 非营利组织（Non-Profit Organization, NPO）

② 独立部门（Independent Sector）

③ 第三部门（The Third Sector）

④ 志愿机构（Voluntary Sector）

⑤ 慈善组织／团体（Charitable Organization／Sector）

⑥ 免税组织（Tax-exempt Sector）

⑦ 社会经济（Social Economy）
⑧ 公民社会（Civil Society）

不同的称谓其实涵盖的基本概念就是介乎政府与企业之间的一切社会组织。而不同的称谓，反映了学者不同的研究视角[74]。

"非政府组织"强调了这些机构独立于政府之外，正如"非营利组织"强调这些机构不以营利为目的，有别于企业（即营利机构）。"非政府组织"一词，最早是指得到联合国承认的国际性非政府组织，后来也包括在发展中国家工作以促进某领域发展的组织，渐渐也被用于在发展中国家以促进经济社会发展为己任的组织，也有不少人把这名词与非营利组织（Non-Profitable Organization，NPO）等同使用。

而另一个常见的名称"第三部门"，强调这些组织是与政府部门及营利企业部门不同的另一部门。最初提出这概念的是美国哈佛商学院的教授叶斯特（Theodore Levitt）。他指出传统上社会被分为公私两个部门："私"就是商业，"公"就是其他一切所有的。他认为这样划分太笼统，以致失去其意义。他提出以第三部门去代表当美国社会上各式各样正在进行一些政府及企业都不做、或做不好、或是做得不够的事情的组织。第三部门的出现，反映了第一、二部门未能满足社会上种种民生、经济的问题[75]。

公民社会（Social Economy）的概念在学术界有着不同的理解，目前渐渐为大多数学者所接受的定义是指介乎国家和家庭或个人之间的一个社会相互作用领域以及与之相关的价值和原则。

戈登·怀特（Golden White）认为公民社会的主要思想是在国家与家庭之间有一个中介性社团领域，这一领域是由不同于国家的组织所组成，这些组织有其自主权，乃由社会成员自愿结合而构成，作用是要保护及增进他们自己的利益或价值[76]。怀特指出,公民社会应与企业或经济机构分开。就此而言,"公民社会"作为社会领域的概念,其含义跟"第三部门"基本上是相同的,比"非营利组织"可能要含义宽泛些。然而,在日常应用层面而言,三者常被互换使用。例如萨拉蒙等学者在 1999 年出版之著作《全球公民社会》,即把非营利部门等同于公民社会[77]。

(一)非政府组织的界定

随着近数十年非政府组织的大量兴起及在全球发挥着日益重大的作用,大量的研究集中于探讨非政府组织的结构和特征。1990 年美国约翰·霍普金斯大学的萨拉蒙教授开始主持一个全球性的研究项目,对非政府组织开展了大型的国际合作研究项目(The Johns Hopkins Comparative Non Profit Sector Project,CNP)。1997 年他把研究所得出版,对世界非政府组织作出了界定[78]。就其定义而言,萨氏提出以几个不同基础而引申出来的定义[78]。

1. 法律定义

按照当地政府法律界定注册的组织,例如在美国按税法 501 条所列出的条件:
　① 组织运作、目标是完全为慈善性、教育性、宗教性的事业;
　② 组织的净收入不能用于使私人受惠;
　③ 组织所从事的主要活动不影响立法,也不干预选举。

凡符合以上条件的组织,都是非政府组织。据估计 1995 年美国符合上述条件的非政府组织有 116 万个之多。

2. 收入来源定义

非政府组织的主要收入不是来自市场价格出售的产品或服务，而是来自成员的会费或支持者的捐赠。如果某组织一半以上收入来自市场价格销售的收入，便算是营利部门。这种定义未能考虑其他因素，若以此为界定，那么许多国家大量非政府组织都不能满足其定义。

3. 功能定义

另一个定义乃视乎组织的功能或目的来厘定。众多组织的都是以"公众利益"或"公众事务"为目标取向。然而，对于何谓"公众利益"，不同时期的不同人可能有不一样的观点。

4. 结构运作定义

上面谈到的约翰·普金斯大学的 CNP 项目所提倡的定义，由萨拉蒙等国际专家指出，非政府组织一般应具备 5 个条件[78]，即：

① 组织性：具有一定程度的正式组织，有常设的组织结构及管理体制，并开展经常性的活动。临时组成、短暂而非正式的结合不应算为非政府组织。

② 民间性：即与政府组织分离，并非政府组织的一部分，亦非为政府所控制（其理事会不受政府操控）。这不等于组织不能接受政府资助，也可以有官员担任理事。但就整个组织而言，需要由民间自主。这理念也是"非政府组织"或"民间组织"等称谓所强调的。

③ 非营利性：即不会将获得利润在各组织管理者或"所有人"中进行分配。组织可以就其所提供的商品或服务收取费用，甚至获

取利润,但必须把利润盈余重新投入于该组织宗旨的服务上。这是"非营利组织"跟"营利组织"的最大区别。

④ 自治性:组织实行自我管理,有其内部的管理程序与管治制度,不为外界组织所操控。

⑤ 志愿性:参与组织工作或管理者在某程度上是志愿参与。这并不意味组织必须以捐赠为收入或大部分工作人员皆为义务志愿者。某程序的志愿参与,例如志愿组成之理事会,已足够构成志愿性的条件。

任何称为非政府组织的机构,在不同程度上需要满足上述 5 个条件。

(二) 非政府组织的分类

约翰·普金斯大学非营利组织比较研究中心根据 13 个国家的学者所提的建议,制定了非营利组织国际分类体系(International Classification of Non Profit Organization, ICNPO),将非营利组织划分为 12 大类、27 小类,代表了非政府组织的分类。具体内容:

① 文化与休闲:文化、艺术、服务性俱乐部

② 教育与研究:中小学高等教育、其他教育、研究

③ 卫生:医院与康复、诊所、精神卫生与危机防范,其他保健服务

④ 社会服务:社会服务、紧急救援;社会救济

⑤ 环境:环境保护、动物保护

⑥ 发展与住房:经济、社会、社区发展、住房、就业与职业培训

⑦ 法律倡议及政策:法律咨询、服务、消费者权益、犯人辅导等

⑧ 慈善中介与志愿行为鼓励

⑨ 国际性行动:交换计划、国际救援、国际和平等
⑩ 宗教组织及活动:教会及信徒组织
⑪ 商会:专业协会及工会
⑫ 其他:未有包括在以上各类别的

以上分类有其优点,也有缺点。一方面,组织之间的区分并不清楚,例如,大多数的环保组织都进行倡议活动,工会也进行职业培训;另一方面,组织的归类也不清楚,而每个国家之独特情况往往未能使这分类成为国际间有统一分类之功能。但此分类却提供了一个把非政府组织分成组别,以便人能明白这所谓第三部门的情况。例如:在美国的法律下,该分类能把公众服务与会员服务的组织划分开来,对美国而言有税务上的意义。另一个例子是它可以将宗教性的组织跟其他组织分别出来,或把政治性的组织加以区分。

(三)非政府组织相关理论

非政府组织在20世纪末日趋成熟且成为一种主要的社会力量,但作为一种社会组织基本形式之一,却始于17世纪,跟资本主义同样,经历了几百年的时间洗礼[70]。

资本主义萌芽于16世纪的英国。工业革命后,社会财富以惊人的速度急剧累积。但城市化及工厂生产带来的社会问题也大幅度浮现。很多宗教人士目睹社会种种不平等现象,创办了不少社团,开展教育、宣传、争取立法等公益行动,反映资本主义本身一系列制度上的缺陷。他们成功争取英国17世纪末的法律改革,例如《慈善法》和《经济法》。1824年废除了禁止结社条例。在欧洲大陆的法国、德国等国家,也涌现了大批政治性社团。

19世纪30年代,法国著名政治学家托克维尔(Charles Alexis de Tocquerille)到了美国,惊讶地发现当地大量的民间组织在进行种种的社会活动。他对当时的美国社会进行了深入的考察,出版了《论美国的民主》一书,以大量篇幅谈论了美国的非政府组织——民间结社和政党等现象。他认为出现大量非政府社团的原因在于美国人所特有的自由、自主、互助、结社及民主的精神[79]。这些多元化的志愿组织,又对建立北美民主制度有独特的贡献。

美国萨拉蒙(Salamon)教授在其国际非政府组织比较研究项目中,综合了大量的欧美文献,指出非政府组织的出现及壮大,大致有几方面的理论因素:一是历史原因;二是政府失灵理论;三是市场失灵理论。至于契约失灵理论及第三者政府模式更补充了前者的不足。

1. 历史原因

非政府组织的出现,有其历史渊源。远自公元前7至6世纪,当欧洲进入奴隶时代,已有一些民主派思想的哲学家在埃及与巴比伦文化汇集之地——希腊,结社宣传其观点及学说。埃及早期已有行业、会社在城市手工业发达的环境中维护会员本身的利益。到了15世纪,欧洲几乎所有城市的手工业和商业从业员都成立了自己的行会组织。这些行会组织,是一种集中经济、社会及政治作用于一体的组织,为手工业及商业人员巩固自己的地位。在巴黎,就有300多个行会组织,作为社会组织,行会强调成员之间互相团结,建立互助基金,开展救济工作和慈善事业。

除了与经济有直接关系的行会组织之外,宗教在欧洲的影响也是巨大的。基督教的教义连同东部东正教及西欧的天主教影响了整个欧洲近十多个世纪。到了15~16世纪,宗教改革运动提倡言论自由,集会结社自由,把民间组织的发展再推向新的高峰。宗教的力量,感染人类致力慈善的美德,特别是面对灾难的非常时期,救济运动自然发起,一些宗教的分支,如有天主教的修会,更以慈善济贫为己任,开创了慈善社团的先河。这些由来已久的传统美德,造就了现今非政府组织涌现的基础。

2. 政府失灵理论(Government Failure Theory)

美国经济学者伯顿(Burton A Weisbrod)于1974年提出讨论:为什么公共集体消费的物品会由非政府组织来提供?是何因素决定这些物品由政府、私有企业或者非政府组织来提供[80]?

他用传统经济学需求与供给的方法展开分析。社会上每个投票人都有对公共物品及私人物品的需求,这些需求可以由政府或非营利部门去满足,而三者之间又存着相互替代的特性。在公共物品范围,往往是由政府去满足的,但因政府机制本质上有缺失,其政治特性使政府未能把资源配置到最佳效果。社会中不同的个体有着各种差异,其个人需求无论在质或量上都存在异质性(Heterogeneity of Quantities Demanded)。在政治决策过程中,对公共物品的供应只会照顾到中位选民(Median Voter)的需求,这样就会有大量的选民产生不满,为非政府组织的介入提供了空间。

这大量不满意的选民可以有几个选择:
① 移民
② 形成较低层次的政府
③ 求诸私人市场
④ 求诸非政府组织

移民涉及成本,并非人人能选择。较低层次的政府如联邦、州或县政府固然提供了某种程度的物品,但基本问题没有解决,不满意的选民依然存在。由私人市场提供公众物品固然可以,但因公共物品的特性,例如搭便车(Free Rider Effect)效应,公共物品引来滥用(Tragedy of the Commons)等,私人市场兴趣不大。从消费者角度而言,他对公共物品的形式、质量、调配等方面都失去个人控制,或者他要选择购买私人代替品,这是一个社会无效率(Social Inefficiency)的选择。

由于这些理由,韦斯布罗德认为志愿部门是专门提供集体类型公共物品的最佳选择,当消费者对公共物品需求的差异性越大,对政府以税收提供之公共物品不满越大,则非政府组织的规模也越大。他的理论开创了以经济学理论解释非营利部门的先河。

3. 市场失灵理论(Market Failure Theory)

资本市场经济理论认为完全竞争的市场机制能使资源的分配达到最有效率的状态。但要做到如此,价格讯号必须有充分的灵活性和伸缩性,这需要有5个条件:

① 生产资源皆为私人拥有
② 所有交易皆在市场进行
③ 资源可充分流动,无障碍地流向所有使用者
④ 买卖双方都可以拥有充分的讯息
⑤ 没有人能单独操控价格

在现实生活中,这5个条件未必可能同时出现,市场失灵的情况便会发生。公共物品(包括服务)有其特征:一是非竞争性(即一个人的消费不会减损其他人在使用同样物品时的利益),二是非排他性

（即将其他人排除在该物品使用之外）。例如，街道清洁、防洪措施等。基于其不可分割性，这类物品不能分割地向个人出售，亦不能为它定价，市场便失去效率。因存在严重的搭便车现象，若只由消费者自愿付费，市场便会萎缩，提供公共物品的生产减少，社会福利被危害。政府常见的一种做法，是通过税收强制分担提供这些公共物品。但如上文政府失灵论所言，非政府组织正逐渐取缔政府在这方面的功能。

4. 契约失灵理论（Contract Failure Theory）

与韦斯布罗德的研究相似，美国法律经济学家亨利·汉斯曼（Henry B. Hansmanu）提出了契约失灵论，以解释为何很多公共物品及服务不断由市场转到非政府组织的范畴[81]。

汉斯曼指出市场机构是以利润最大化为目标。当消费者购买公共物品时，假如存在不对称信息的情况，容易被欺骗。当物品或服务过于复杂、不易评价、或者购买者并非使用者，例如：子女为年老痴呆父母选择养老院，很难知道服务质量。假如该服务由非政府组织提供，没有了利润最大化的压力，因信息不对称而被骗之危险便较少。如果说政府失灵论和市场失灵论说明有些公共物品应由非政府组织代替政府供应，契约失灵理论便说明为何有些公共物品也应该由非政府组织替代市场供应。

5. 第三者政府模式（The Third Party Government Model）

美国的萨拉蒙教授认为上文提到的市场失灵、政府失灵及契约失灵等理论是出自欧洲福利国家的经验。对美国而言，用以解释非政府组织的兴起有其局限性。不同于传统理论的庞大官僚政府，美国联邦政府的角色更多提供资金和指导（Provider of Fund & Direction），而非递交服务者（Deliver of Service）。联邦政府是通过大量的第三者以递交政府服务，他称之为第三者政府模式（Third Party Government）。在这一模式中，政府与第三者共同拥有公共物品的支出及运用上的处理权。联邦政府担当的是管理者的功能，把相当程度的处理权让给了非政府部门。

萨拉蒙指出政府的管理功能以及对志愿部门的支持是必需的。非营利部门本身也不是完美的，过去种种理论都未能透彻地指出非营利部门本身的缺点与局限。这些局限也可以称为志愿失灵（Voluntary Failure）。这包括了：

(1) 慈善的不足性（Philanthropic Insufficiency）

慈善机构能够募集的资源与实际的需求量存在巨大的差距。基于公共物品提供存在了搭便车的问题，很多人不愿意花钱却希望免费获得服务，于是遇到经济动荡时，捐献的钱会大幅减少。只有建立在政府税收机制的基础上才能获得稳定及足够的资源。

(2) 慈善的狭隘性（Philanthropic Particularism）

很多志愿服务的对象是社会上特殊的边缘群体，如残疾人、儿童等。不同的群体获取的资源不一样，有些需要的群体可能得不到足够的资源，另一些群体可能因代言机构的质量占优而获得过多的资源。对整个制度而言，未能完善。某些类型的机构可能过度扩张，最终超过了社会支持的能力。

(3) 慈善的家长作风(Philanthropic Paternalism)

当私人捐助成为志愿部门的主要资金来源,那些控制资源者有时会根据自己的爱好而非根据实际需要来决定提供服务的种类,这就导致富人靠喜好提供某些服务,而穷人的需要却受忽略。

(4) 慈善的业余性(Philanthropic Amateurism)

志愿人士往往没有专业社会工作或心理学等特殊专业训练。由于资金限制,这些机构也没有资源聘请专业人员,只能够由志愿者负责,因此也会影响服务质量。

萨氏指出,以上非政府组织的缺点往往正是政府的强项,例如政府能以税收确保资源稳定。正因为政府与非政府组织间之互补性特征(Compensatory Complementary),两者之合作关系正好达到小政府、大社会的理想,以最佳的效率提供社会福利服务。

二、蓬勃的非政府组织发展

20世纪是非政府组织蓬勃发展的时期。一方面,随着资本主义社会进入新的阶段,这些国家的工人团体相继出现,成为左右政治的社会力量。财富集中产生一些名门望族,本着取之于民、用之于民的道理,成立了种种形式的基金会、信托机构,推动公益事业。例如美国著名的卡内基、洛克菲勒以及近期的盖茨。另一方面,宗教力量也发挥在信徒当中,如天主教的明爱机构、基督教的救世军等。大型慈善机构纷纷成立,民间也因社会上种种问题自发地组成了大量的慈善服务社团。但只有少数正常运作到现在,并成为大型国际非政府组织,如,起源于英国的救助儿童会(Save the Children)、乐施会

(Oxfam)及世界宣明会(World Vision)等。20世纪初前后的几个大规模战争,也催生了不少以战场救助为主要工作的非政府组织,现在,除了1864年成立的"国际红十字会"外,还有"无国界医生"等医疗服务机构在战地作救死扶伤的工作。随着地球经过近百年的快速发展,环境备受破坏、森林大片消失、温室效应以致酸雨出现等环境问题引起气候改变,问题的严重性有目共睹,各国政府苦无良策,导致民间环保团体的大量涌现,成为非政府组织中重要的部分。

联合国体系的诞生亦帮助非政府组织在国际舞台上担当重要角色。《联合国宪章》规定其经济理事会作为协调经济及社会事务的机构,必须与政府机构磋商才能开展活动,提出建议。一些国际非政府组织获得了咨询地位,可直接参与国际决策的制定。在联合国召开国际会议的同时,也会在当地召开同一主题的国际非政府组织论坛。

以上种种因素,都解释了为何非政府组织在近几十年蓬勃发展起来,美国的萨拉蒙(Salamon)教授主持的国际合作的非政府组织研究项目经过近十年的研究,对当前非政府组织的状况做了分析[82]:

① 在目前全球几乎每一个国家都存在一个由非政府组织组成的庞大的部门。该报告还大概描述了这部门的平均规模:占各国国民生产总值(GDP)的4.6%,占非农业就业人口的5%,占服务就业人口的10%,相当于政府公共部门就业人口的27%[83]。

② 在不同的国家,非营利部门的发展是不均衡的,在欧洲例如荷兰、有酬员工占非农业就业人口的10%以上,在拉丁美洲、东欧等不到1%,美国为7.8%,英国是6.2%,日本占3.5%。

③ 在非营利部门的就业人口中,包含了大量的志愿者,其规模约占该部门就业人口的1/3。

④ 在非营利部门之内,不同领域的发展也不是平衡的。在美国、日本、澳大利亚,最发达的领域依次是保健(35%)、教育(29%)和社会服务(15%)。在西欧依次是教育(28%)、社会服务(27%)和保健(22%)。

⑤ 非营利部门的收入来源,依比重是收费服务(49%),来自政府的各样资助(40%),最后为各种慈善所得(11%)。

根据以上种种数据,萨拉蒙(Salamon)教授之结论表明,今天我们正在经历一个全球性的"社会团体革命"(Global Association Revolution),非营利团体运动对21世纪的意义是非常重大的。

三、主要国家(地区)政府与非政府组织关系的研究

(一) 美国

在美国,非政府组织是一个很大的部门。萨拉蒙(Salamon)教授所论述的1995年数据显示,非营利部门每年支出是5 020亿美元,占国内生产总值的6.9%。支薪雇员860万,占非农业就业的7.8%,占服务业的16.5%,占政府公共部门就业的46.7%。据1999年统计,全美共有160万个正式注册的非营利机构,另有3倍此数的非正式草根组织。1997年,这些组织的收益总计是6 650亿美元,其38%来自会费及服务收入,31%来自政府,20%来自民间捐赠,另有11%属于其他收入,包括了投资收益及利息等[83]。

美国人对非营利部门的参与十分踊跃。70%的美国人属于至少一个非政府组织,25%参加4个或以上的组织。而美国政府对社会服务的提供,只扮演政策制定、管理和提供某些赞助的角色,一半服务交由非政府组织去办,资金来自捐助和服务收入。管理方面,分为

联邦和州两个层次，主要形式是税收控制和法律监督。在美国，非政府组织的注册十分简单，只需填交1~2页有关机构章程即可。组织可选择不同的法律形式的协会。

为了鼓励民间组织参与社会服务，联邦税法及州税法对非政府组织设了一系列税收优惠条款，对捐赠给非政府组织的机构和个人给予税收优惠。非政府组织本身也享有税收优惠。在所得税、财产税和失业税享有免税优惠。吴锦良这样描述美国政府与NGO的关系："非政府组织的运作需要大量经费，没有钱，什么事都办不成。那么，美国非政府组织的钱从何而来呢？在一般人的印象中，非政府组织的钱都是来源于大型基金会和私人捐赠。其实不然，美国政府对非营利部门的资助达到相当高的水平。有统计数字表明，各类私人捐赠只占非营利部门收入的15%，政府拨款和政府合同是服务性非营利部门收入的一个重要来源，占总收入的31%。1980年，联邦政府对非营利部门的直接资助高达410亿美元，相当于非营利部门总收入的35%。此外，州及州以下政府还资助了非营利部门80亿~100亿美元。而同年，非营利部门从私人公司、基金会募集的捐款总计只有268亿美元[84]。"

（二）欧洲发达国家

吴锦良这样描述欧洲第三部门的概况："欧盟委托进行的研究表明，在过去10年里这一部门经历了他们称之为'爆炸性'的增长"。"欧洲国家第三部门的一个突出特点，是政府与社会团体的紧密合作。就国家与社会的关系而言，美国的主导理念是多元主义的，而欧洲则被称之为社会合作主义（Corporatism，或译法团主义）的制度安排。""政府在做出重大决策前往往通过这些机制寻求社团的共识。

这种法团主义的决策方式减少了政府的控制成本。""在这种安排下，公民团体被吸纳到国家的体制里，它们通过合法的、非竞争的、垄断性的渠道受到国家的承认和保护，同时，在有关的政策制定时它们有义务向国家提供意见。法团主义者认为，在奥地利、瑞典、荷兰、德国、法国和许多其他的国家，政府已在某种程度上吸纳了工会产生协会之类的组织，他们能够合法参与政府决策。这项变化引起的实际结果是促进了国家和社会的'交织'[84-85]。"

以下是欧洲个别国家中非政府组织的状况介绍。

1. 英国

在英国，较常见的名称是慈善组织或志愿部门。至 2001 年底，根据英国慈善委员会统计，英格兰及威尔士地区共有 188 116 个立案团体，该年度总收入为 267 亿英镑。从规模上，英国的非政府组织规模仅次于美国，居世界第二位。慈善组织大致上分为服务型组织、互助型组织、压力组织和中介组织 4 大类型。在教育、文体休闲和社会服务 3 个范畴最为活跃。其中，以英国在从事国际援助及倡议方面最为突出，参加的志愿者中妇女及年轻人很多。

英国政府与 NGO 的关系从整体来说，非营利部门对政府依赖较大，有 40% 收入来自政府。政府拨款与服务收费共占全部收入 90%，即只有 10% 来自民间捐赠，而捐赠的领域集中在环境保护、动物保护、医学科研、儿童福利及贫困救济[74]。值得一提的是英国别具特色的非营利科研团体，例如英国皇家学会、爱丁堡皇家学会、科学技术研究所等，都是历史悠久久负盛名的国际科研机构，其经费来自会费、财团及个人捐赠。

2. 德国

德国政府和非政府组织之间长期保持着密切的合作关系,尤为突出的是作为一个福利国家,政府跟非政府组织是同时发展的,并不是一个此消彼长的关系。其理由是德国政府大力支持非政府组织,以达到政府社会服务的目的。这正是萨拉蒙教授论述的第三者政府的典型[86]。

1990年,东、西德统一后东部地区经济衰退,但NGO部门雇员不降反升。从1990年的8.6万人增加到1992年的9.2万人。这与政府通过拨款于NGO创造新工作机会有关[84]。

3. 法国

法国的非政府组织称为社(Association)。基本上有工人合作社、消费合作社和生产合作社3种形式。此类互助组织始自1901年的《结社法》(Act of Associations),只要有两个或以上的市民共同达成某种非牟利宗旨,即可成立,可见其结社风气之盛行。像法国社会学者维维安·米兹拉希-特克农侬(Viviane Mizrahi-Tchernonog)所言,这样的古老传统的互助组织现在的主要功能是弥补社会保险之不足。在法国约有10万志愿者经营地方互助社,提供如诊所、医院、药房、托儿所、老人院及残疾人等相关服务。

社会服务和教育是法国非营利部门的两个最大分支。整个服务行业中有一半雇员是为非政府组织工作的。私立学校占法国教育相当高的比重,由政府资助但各自拥有独立的管理地位。工人委员会是法国特有组织,法律要求凡50人以上的企业必须成立。由工人选举委员会负责工人福利,如食堂、托儿所等,每个工人发工资时扣除 1%为工人委员会经费。工会有别于工人委员会，是负责集体谈判的组织。

政府与 NGO 的关系重点体现在 NGO 的收入结构上。法国有两个特点：第一，政府资助的比重偏高；第二，私人捐赠的比重偏低。法国 NGO 每收入 10 法郎，其中有 6 法郎来自政府，另外 1/3 为收费收入，只有 7%是私人捐赠。这说明政府与非政府组织有一种伙伴关系：前者出钱，后者办事[84]。

4. 北欧—挪威

挪威作为北欧福利国家的代表，显示了政府对非政府组织的立场在不断变化。1980 年以前，政府包揽了大部分的社会福利和服务。而到了 20 世纪 80 年代，非政府组织被"重新发现"(Rediscovered)。执政的自由民主党着意有策略地提升志愿组织(挪威称为：Voluntary Organization)的重要性，通过他们来提供服务。政府认为他们可以"解决重要问题，让市民大众一同作出努力，使生命充满意义[87]"。

（三）亚洲

1. 日本

在所有发达国家中，日本政府对公益组织的监督比较严格，对组建组织的要求也很严苛，是发达资本主义国家中对非营利部门限制最严的国家。政府在经济和社会生活方面起了主导作用。政府与非政府组织的合作方式是由政府招示出资，由非政府组织承办福利企业[88]。

1995年神户地震,政府的反应缓慢而广受批评,与之相反的是非政府组织的快速灵活有效率地响应。自此,政府一向采取限制非政府组织的政策开始改变,1998年颁布的《特定非营利活动促进法》开始鼓励组织进行法人登记。1998年的《非营利组织法》在议会获得全票通过,成为正式法律。这使日本非政府组织发展的制度环境有了根本改观,日本的NGO也进入一个快速发展时期[84]。

据1996年统计数据,日本共有25万多个有正式法人地位的非政府组织,未有正式地位的有85 000个。

2. 孟加拉国

孟加拉国虽是亚洲发展中小国,但却有着非常发达的非政府组织系统,这跟该国长期贫困、经济落后及天灾频繁有关。由于政府不能负担基本社会福利,非政府组织在海外资助之下取而代之,成为社会公共物品的主要供给者。孟加拉国的Grameen Bank GB小额信贷扶贫模式,从1976年至今,成功注资发展农村小型经济,其模式为很多发展中国家采用,中国也借鉴其发展模式,并获得了一定成效。

3. 印度

印度也因其人口众多,政府社会服务提供不足而成为非政府组织之大国。历史上印度有着慈善和志愿服务的传统,其多元宗教信仰,包括印度教、锡克教以至基督教皆导人为善,鼓励志愿活动。目前估计印度之非政府组织超过百万,遍布全国,许多大型国际机构在农村发展、医疗保健、教育方面都非常活跃。印度政府采取引导及规制方针,让非政府组织能发挥其积极作用,又限制其使用外国资金的范围,以配合国家发展。

4. 中国香港

香港的非政府组织庞大而长期发展,对整个社会生活服务发挥着重大作用。香港社会服务联会下属 300 个会员机构,提供了几乎所有的社会服务,每年开支近 10 亿港元,由政府资助。香港特区政府除了社会保障外,所有服务都以拨款方式交由非政府组织提供。近年也采取公开投标、整笔拨款等措施,以促进机构之效率。

香港政府也在一定程度上充当服务的直接供给者角色,但在业务上它并不是与民间组织的服务进行竞争,而是弥补民间组织之不足,并开拓那些不由民间组织开展的业务。

吴锦良在考察香港社会福利服务以后,有如下结论:

"第一,政府与社会存在着福利服务业务上的合作。这种业务的划分不是通过竞争形成的,也不是面对政府垄断形成,更不是由资金来源的限制所造成的,而主要是按照分工原则形成合作,即各有发挥优势,做适于自己的业务。民间组织主要做纯粹的服务业务,它基于服务者与受益人之间的平等关系,效率主要来自民间组织对受益人的需要的及时反应。政府则主要做政策性业务,在服务中通常要借助政府权威,这种业务是民间组织难以开展的。因此,在服务业务的分工体系中,民间组织起到基础作用,政府则起到补充作用。

"第二,政府与社会存在着资金供给和社会服务供给的合作。在 1992~1993 年间,香港社会福利署向 160 家民间机构辖下的 1 600 多个服务单位拨发了 2.5 亿港元;给 335 个申请机构用作它们的非经常开支。若不把社会保障的开支计算在内,政府目前用在其他社会服务方面的开支中约有 2/3 作为补助金拨给了民间机构[89]。

"第三,在管理上存在行政管理和社会自治的合作。香港的民间服务福利机构走的是自我发展、自我管理的道路。民间自治表现十分突出。行业协会更是从宏观上协调服务组织的发展,代表会员处理与公众及政府的关系,成为福利服务民间自治的中坚[84]。"

5. 中国台湾

台湾政府在 1980 年以前对非政府组织采取了严格的限制,只有少数的机构在运作。1987 年以后解禁,大量民间团体如雨后春笋般涌现。其中,宗教背景的组织最为成功,如佛教的慈济会以及基督教的世界展望会等。除社会团体外,随着台湾经济的发展,基金会也快速发展,据 1999 年喜马拉雅研究发展基金会统计,全台湾有基金会 1 649 家,以提供资金的形式为非营利部门给予重要的支持。

6. 新加坡

新加坡的非政府组织有官方和民间两种。官方团体是指政府为了某项事业的需要由自己出面组织的团体。民间组织则是由人们志愿组合的组织。新加坡的民间团体比较复杂,他们可以依据《法团法》、《互惠组织法》、《合作法》、《慈善法》等不同的法律注册。

新加坡对各类民间组织的监管十分严格,成立民间社团必须到政府内务部办理登记注册手续,包括学校内部的学生社团也不例外,否则将被视为非法组织。在许多情况下,政府对注册申请一般会批准。对未经注册的社团,政府严惩不贷。经批准注册的社团,仍要接受政府的监督。它们必须在其登记宗旨的范围内活动,不得从事行章程规定以外的活动,尤其是不得从事政治活动[84]。

（四）澳大利亚

在澳大利亚，非营利部门发展迅速，是个很大的部门。1995年，有190亿美元的支出，占国内生产总值的5.2%。在人力方面，雇用人员达40万人，占非农业就业人口的7.2%，占服务行业就业的15.3%及公共部门就业的31.2%。这些组织的服务范围主要在教育、社会服务和医疗保健3方面，其中，福利服务组织全由民间自办，资金主要来源于政府。这在西方国家是通行的做法。在当地非政府组织中，有一些国际性扶贫开发组织以投标的方式接受政府委托进行国际援助方面的业务，澳大利亚世界宣明会是其中之一。

谈到澳洲政府与NGO之间的关系，吴锦良有以下描述："澳洲政府对NGO有良好的管理。中国民政部社团管理司曾派代表团到澳大利亚，去了解NGO的行政管理和法律架构，吸取其立法经验。"

"澳洲之福利服务组织全由民间经办，与政府形成一种合作关系。政府负责规划福利服务的发展方向，确定资助的总额和步伐。但政府并不直接开办服务机构，而是由民办机构去提供服务。民办机构可以平等地通过竞争机制获得政府的资助，同时，它们必须履行相应的义务，提供政府规定的服务。"

为什么不采取政府经办福利机构，而是由民间组织来提供社会服务？澳大利亚产业委员会认为："这些组织与居民的关系很密切，可以更灵活地适应居民的需要，在这方面比政府办的机构更有效率。同时它们可以运用自己的资源以及利用社会资源提供服务，从而可以减轻政府的负担[84]。"

四、强化政府与非政府组织合作的必要性

为亚洲发展中国家提供资金及技术支持的亚洲开发银行,正在努力促成该地区政府及非政府组织的合作。在2003年5月亚行发表一份名为《亚行—政府—非政府组织合作:2003～2005年行动框架》的文件中对当前情况有这样的描述:"非政府组织经常仅被看成是项目实施者或者爱挑剔找碴的'看家狗',许多国家政府仍然对它们心存狐疑,有些政府想方设法企图控制它们。由于在政府与非政府组织之间缺乏信任,再加上沟通交流不力,常常出现对抗而不是合作,因此,这就限制了非政府组织在国家开发活动中有效地发挥其作用。

"并非所有的国家政府都有公开透明的、有益于非政府组织开展活动的法律、财政框架和规章制度。多家非政府组织也已经表示愿意在亚行或其他捐资机构的支持下,发展相应国家的改善政府与非政府组织间合作的体制。

"大多数国家在保证非政府组织参与和按共同参与、公开透明方式进行协商方面缺乏相应的机制,没有形成制度化。大多数政府,或在国家级(例如某个部委),或在非政府组织参与特定的部门行业(例如农业、环境和医疗卫生)方面,缺乏明确的、行之有效的与非政府组织对话的机制。迄今为止,国际捐资机构与各国政府的合作还不够充分,无法确保非政府组织介入政策和项目、有关开发援助在不同行业部门间调配和外援协调事务等的商讨活动中去。"

指出了目前的问题后,亚行的学者对如何增进政府及非政府组织的合作关系,有以下的建议:

"**需要多种方法,适合当地情况**:非政府组织的类型、能力、代表

面大小和议程各不相同,政府在与非政府组织互动中的态度和能力呈现出多样化,各国的法律与立法环境差异很大,亚行的工作范围因地而异,还有许多其他不定因素,所有这些方方面面的问题都使得不能采用'万能药包治百病'方法来应对加强亚行—政府—非政府组织合作这一巨大的挑战。甚至某些似乎直截了当、简单易行的行动建议在某些国家或某些州省内也许就行不通。因此,需要因地制宜地贯彻实施本框架中所推荐的各项活动,包括在监测与评估本框架以及根据评估结果修订本框架的工作中也应如此。

"以静制动、审慎应变:由于类似于前述的原因,也由于资源相对有限,并非本框架中所推荐的所有'急迫'行动都可以立即实行或在所有国家都可以实行。受益各方既要有耐力,更要有耐心。

"高效地利用资源:参会人员已经考虑了在加强亚行—政府—非政府组织合作工作中存在的财力人力方面的限制因素。然而,所有三方主要合作团体都必须不遗余力地投入必要的人力和物力。亚行有望将依然信守其专门工作组2001年度报告中的指示方针,提供足够的资源用于改善与非政府组织间的合作,达到预期的目标。但是,同样重要的是,政府与非政府组织也应承担义务,在这方面活动中增加资源的投入。

"政府的作用不可或缺:加强亚行和非政府组织之间的双边关系不仅可行,而且常常也值得去做。但是,鉴于亚行机构上的特点,只有在政府机构愿意加强三方合作关系的情况下,非政府组织参与亚行活动相关的扶贫工作才能取得成效。"

以上可见,像亚洲开发银行等的国际发展机构,不遗余力地促成政府及非政府组织在扶贫开发项目上的合作,促使扶贫项目能达到社会发展的最佳成效[90]。

第五节 参与式发展在中国

一、中国的贫困问题

作为全球人口最多的国家,自1949年成立以来,新中国就一直受到贫困问题困扰。20世纪70年代末,我国开始改革开放,努力摆脱封闭落后的状态。20多年来,中国经济得以持续高速地增长,甚至被形容为近代经济史上的奇迹[91]。然而,至今国内的贫困问题依然严峻。到底中国的贫困问题有多严重?2006年春,国务院扶贫办主任刘坚表示,中国贫困人口的绝对数量依然庞大,仅次于印度,列世界第二位。2005年底的数据显示,全国农村没有解决温饱的贫困人口还有2 365万人,低收入贫困人口还有4 067万人。以上数字还没有把城市的贫困人口计算在内。由此可见,中国依然是世界上最大的发展中国家[92]。

中国自改革开放以来经济发展所带来的成果,并非均衡而全面的,东西部的差距、城乡差距正日益扩大。根据劳动和社会保障部2005年研究报告,中国城乡统计的基尼系数已超过0.45,城乡均衡发展日益艰巨。我国是农业大国,据2001年统计,中国城市人口约3.5亿,近13亿人口中,农村人口仍占总数2/3,农村人均收入只是城镇人均的1/3,"三农"问题是全面建设小康社会的最大挑战。9亿的农民如何赶上发展步伐,一直是全国关注的议题。早年,邓小平谈到改革策略时曾说过:"中国有80%的人口在农村。中国社会是不是安定、中国经济能不能发展,首先要看农村能不能发展,农民生活是不是好起来[93]。"现在,国内贫困区集中在农村,在所谓"老、少、边、穷"的地区。迄今为止,城乡人口分布比例大约是4:6。农村的发展是整个国家发展的重点所在,影响着整个国家的发展进程。

2003年9月,世界银行发表了《中国国家经济报告:推动公平经济增长》,充分肯定了中国在减贫工作上的成就。根据每人每日1美元的国际贫困线,中国贫困人口从1981年的4.9亿人下降到2002年的8 800万人。贫困人口比例由1981年的49%下降至2002年的6.9%。与此同时,中国人口收入差距明显扩大,上世纪80年代初基尼系数约为0.28,90年代初为0.38,1999年为0.437。该报告认为,今后中国仍将面对收入差距扩大的严峻挑战[94]。如果目前城乡家庭收入差距和各省城乡家庭收入增长速度不平衡的趋势持续下去,收入差距将急剧扩大,基尼系数将会从1999年的0.437上升到2020年的0.474[95]。可见,加快农村发展步伐是建构和谐社会中不可或缺的环节。

改革开放30年以来,在政府的领导下,中国的扶贫工作取得了重大成就。1986年,国务院成立了专门的扶贫部门,研究制定国家扶贫政策,并学习国际经验,引进成功的扶贫模式到国内贫困点开展项目。其中,最重要的是从救济式到开发式扶贫理念的过渡。而目前推动农村发展的主要模式是参与式发展。

二、中国扶贫实践过程

新中国自成立以来一直面临贫困问题的挑战。我国反贫困行动和政策在不同阶段、不同社会政治环境下,经历了什么样的演变?在演变的背后,反映了政府对反贫困理念有了怎样的理解和认识?以下是本书对中国不同阶段扶贫政策的分析。

(一) 1949～1978 年计划经济时期

建国初期,经过连年战乱,加上1949年特大洪水灾害,中国经济百废待兴,穷困面极广。刚成立的人民政府除了以传统的社会福利思想进行补救型的赈济外,也举办了以灾民难民"生产自救"为目标的救济福利事业单位,从事生产以求自立[96]。

20世纪50年代中期,人民公社集体经济体制在全国农村建立。对当中最贫困的"三无"(无依无靠、无劳动能力、无生活来源)对象提供"五保"救济制度。这些输血形式的救济保助,却未能遏制贫困现象的增加。人民公社体制"大锅饭"式的绝对平均主义导致生产效率低下,而统购统销体制以价格手段把农村剩余转移到城市作为国家工业化初期积累,加上城乡二元化户籍政策,农村的贫困程度日渐增剧,更因"极左"路线的危害,"大跃进"带来了大范围饥荒的严峻局面。到了1978年,农村贫困人口达到2.5亿人,占农村总人口30.7%,是我国贫困问题最严峻的时期[97]。

(二) 1978～1985 年农村改革初期

1978年中共十一届三中全会以后开始的改革开放政策自农村开始,以家庭联产承包责任制为主要内容的初期农村改革措施取得了成就。解放了农业人口的积极性,推动农村经济的快速增长,从而导致农村的贫困发生率快速下降。短短8年内,农村人均年收入增长率超过了城市人均收入水平,城乡人均收入比例从1978年的2.57下降到1985年的1.86(国家统计局,2000)。农村未解决温饱的贫困人口由1978年的2.5亿下降到1985年的1.25亿,贫困发生率由30.7%下降到14.8%[17]。同期,除了经济增长带来的减贫效应外,我国也于1982年12月开始了首个有针对性的扶贫计划——"三西扶贫开发",在甘肃定西、内蒙古河套地区和宁夏西海固3个干旱及生态遭受严重破坏地区实施农业建设计划,20年内共投放总计20亿元的专项拨款,为农户解决了温饱问题,这标志着政府由救济式到开发式扶贫的思想过渡。

(三) 1986～1993年大规模开发式扶贫阶段

农村制度改革带来的增长效应到了20世纪80年代中期完结,农民收入增长开始回落。农村绝对贫困的问题首次得到中央政府的官方承认及重视。政府明确了区域扶贫的基本方针,并将其列入"七五"(1989～1990)国民经济计划之中。又在1986年设立了专门机构——贫困地区经济开发领导小组及办公室,专责规划领导全国扶贫工作。这标志着中国扶贫工作正式成为政府工作重点,也反映扶贫开发工作在意识形态上从民政工作的补助式救济观念划分出来。

扶贫部门成立后,领导小组确定了开发式扶贫的战略,制定了扶贫政策,安排扶贫资金,实施反贫困计划,强调贫困分布有明显的区域性,故此,以区域为对象实施反贫行动。1986年确立了331个国家重点扶持贫困县。各省区另外又确定了368个省重点贫困县,大多数都在老、少、边、穷地区[17]。此外又制定"对口帮扶"政策,这标志着发动社会力量解决贫困问题已经开始成为反贫困政策的一个重要部分[98]。

1989年之后,中央政府在农村政策上有所改变,这也为反贫困工作带来积极效果。这些改变包括了放松对农民在地区间迁移的行政限制,支持农村发展劳动密集型产业等[99]。而政府实施反贫困政策的重要标志是政府开始设立支出专项资金用于扶贫政策目标。在

1986~1990年,每年平均支出40多亿元用于扶贫,到了90年代初上升到60亿~70亿元[99]。这些针对性的措施起到一定的作用。农村贫困人口由1985年的1.25亿下降到1993年的8000万,贫困发生率由14.8%下降到8.7%。

(四)1994~2000年扶贫攻坚阶段

随着农村改革的深化及国家投入扶贫开发的力度不断加大,贫困人口逐年减少,贫困特征也在变化。贫困农村人口分布有明显的地缘性,贫困发生率向中西部倾斜,超过80%集中在西南大石山区(缺土)、西北黄土高原区(缺水)、秦巴贫困山区及青藏高寒区等几类地区。导致贫困的主要原因是自然条件恶劣、基础设施薄弱和社会发育落后等。鉴于此,中央政府在1994年提出"八七扶贫攻坚计划",承诺在20世纪最后7年(即到2000年底为止),解决农村8000万贫困人口的温饱问题。计划中明确指出力争在7年时间,集中国家人力、物力、财力资源,动员社会各界力量,以达到解决绝对贫困的目标。这显示了政府扶贫工作的重点由原来的"经济开发"改为"扶贫开发"。国务院贫困地区经济开发领导小组也在1993年相应地易名为国务院贫困地区扶贫开发领导小组,并于1994年重新划定了国家贫困县,数目从331个增加到592个,上升了78.9%,包括了所有的低收入地区。2001年5月,中央扶贫开发工作会议指出,1997~1999年,每年有800万贫困人口解决了温饱问题,到2000年年底,"八七扶贫攻坚计划"目标基本实现,全国农村贫困人口减少到3000万人,占农村人口比重3%左右[72]。

该阶段反映了政府针对贫困人群需求方面的进步,但不足的是依然从单一的经济视角,即只靠推动经济增长作为扶贫的手段。

(五) 2001～2010年新世纪扶贫工作阶段

现今阶段的扶贫实践以《中国农村扶贫开发纲要(2001～2010年)》为标志,提出新世纪的扶贫目标不单是解决贫困人口的温饱问题,也要为已初步解决温饱、仍未巩固的贫困人口增加经济收入,改善生产生活条件[100]。又强调坚持综合开发、全面发展,不但加强基础设施建设,也要重视科技、教育、卫生、文化事业的协调发展和全面进步。此外,扶贫瞄准机制也由过去的县一级改成县、村两级目标瞄准,在全国识别了592个扶贫工作重点县和14.8万个扶贫工作重点村。采取整村推进方式,利用较大规模的资源,在较短的时间内使被扶持的村有较大的改善。其中最重要的是以参与式的手段来制定村级扶贫规划,赋权于贫困人民,以达到整村推进的目的。

这个阶段最具意义的新方向是强调了在扶贫项目中群众参与的重要性。政府摆脱了单纯以经济角度看待贫困的定势,开始采纳以人为本的发展观。在世界银行的推动下,国家开始采用参与式方法推行发展项目,希望自下而上地制定及实施扶贫规划。根据国际发展的经验,非政府组织(NGO)在反贫困政策的实践上发挥了重大的作用,中国政府也表明,政府与非政府组织之间的密切合作是缓解贫困的有效途径。国务院扶贫办外资项目管理中心曾订下目标,寻找以扶贫为宗旨、具一定实力的国际NGO共同开展扶贫领域的合作,探讨NGO参与中国扶贫的有效机制和方法[92]。

在上述的发展过程中,我们看见中国扶贫政策和理念多年以来的演变进程。就扶贫的方法而言,中国政府了解到过去救济式的扶贫不能彻底解决问题,要带来长期的影响,必须"造血"、而非单单"输血"。总理温家宝曾经这样总结中国在促进发展、减少贫困历程上的体会:"要坚持开发式扶贫,增加贫困人口脱贫致富能力。引导和帮助贫困地区的广大群众,参与扶贫开发;使他们成为反贫困的主体力量[101]。"这反映以人为本的发展理念已成为我国的减贫策略。

三、中国参与式发展实践

(一)中国政府扶贫部门引入参与式发展模式

随着改革开放的深入,中国不断与国际社会接轨。扶贫部门工作不断引进国外的成功经验,并采用了其中颇具成效的做法,即参与式发展模式。这个扶贫模式之所以得到中国政府的接纳,并成功在中国贫困区施行,主要基于下面的几个原因:

1. 中央政府对参与式理念的接受

中国政府对小区为本参与式发展背后的理念的认同是该发展模式可以根植于中国扶贫工作中的重要先决条件。李周在《社会扶贫中的政府行为比较研究》中谈到扶贫模式创新涉及贫困农民参与及赋权时这样描述:

"从1994年开始,一些国际机构,如UNDP,就在扶贫领域试验、示范和推广参与式发展的方法。这项工作分为两个阶段:首先是对中方的项目管理人员进行有关参与式方法的培训,使他们认识到目标群体的需求和目标群体的参与是做好项目设计的关键所在,以改变他们以往坐在办公室里做规划和设计项目的做法。其次是用参与方法动员农户、组织农户,并通过参与式培训,使项目农户形成参与理念,提高参与能力,最为重要的是强调必须让贫困农民参与目标群体分析、基础数据收集、目标群体需求和能力确定,进而参与项目设计、项目决定和项目实施的管理,并根据他们的意见不断调整项目规划和实施计划,从而不断提高扶贫项目的可操作性。这种参与式方法实际上是向贫困农户赋权的一种途径。

"参与式的方法和工具最初是由国际机构扶贫项目倡导的。但实施上它同我们多年来提倡的'从群众中来,到群众中去'的理念是完全一致的,所以,得到了中国政府的认可。目前,上述方法已被中国政府的扶贫机构所接受,并正在加以推广[17]。"

2. 对参与模式在国际扶贫经验的肯定

随着改革开放的深入,中国政府扶贫机构不断吸取国际经验,通过对海外扶贫项目的考察及参加国际扶贫会议,很快吸收了大量国际扶贫的经验和教训,肯定了社区参与的成效。在肯定国际扶贫经验之外,中央政府的不同部委也致力于国际扶贫组织开展合作,除了合作进行全国性的扶贫项目以外,也向个别的贫困地区介绍具有信誉的国际非政府组织,再由地方政府决定如何与其合作,推行参与式发展项目。本书案例中提到的世界宣明会便是通过民政部介绍,在1995年参与救灾后再与地方政府达成参与式发展工作的协议而开展工作的。

3. 扶贫机构及学术界的推广引荐

自1993年以来,世界银行等多边及双边国际扶贫机构开始向中国推广参与式发展。国内的知名学者也积极作出响应,进行不少有实践意义的探索研究,例如,中国农业大学人文与发展学院的院长李小云,在其主持的"京郊及宁夏治沙"等项目中进行了参与式发展的试验和参与式技术手段的规范与创新。试验成果的成功,包括了由世界银行在西南和秦巴项目中大规模参与式村级规划的成功实践，也使得党中央、国务院在《中国农村扶贫开发纲要（2001～2010年）》中采纳了参与式发展作村级规划的方法。李小云也因此获得2006年首届中国消除贫困科研奖，以肯定他的贡献。

李小云谈到今天发展研究的主要范围时指出，随着世界的变化，一些新的研究主题反映了发展学目前的动态和全面的图景。其中，他指出了贫困和发展的领域，是人类踏进新千年面临最严峻的挑战。他又指出参与式的发展，即让当地受助人参与在发展项目决策的行动方式被认为是达到农村发展的唯一途径。李又指出现在除了国家及联合国体系之外，还兴起了第三种的世界秩序，是一种超越了国界的政治经济利益结合体，即所谓的"非政府组织"。这种超越国家的治理形态被寄予厚望，为人类社会的发展带来新的动力，也是目前发展研究的新主题[8]。

（二）参与式发展工作在中国的进展

以小区为本参与式发展模式，是自20世纪80年代以来国际对发展援助工作质量反思的经验总结，源自民间扶贫组织的实践，参与式的基本理念已被众多的国际援助机构所接受，被认为是目前最好的扶贫方法。在国际组织像世界银行及联合国计划开发署（UNDP）的推介下，参与式发展项目在1993年开始被引进到国内实施。经过多年的试验，逐渐得到国家扶贫部门的认同。至今参与式发展已成为《中国农村扶贫开发纲要（2001～2010年）》中开展整村推进的重要技术手段。全国10.6万个贫困村都要制定和实施参与式村级扶贫规划[100]。

然而，参与式发展模式也不一定是万应的灵方。实践过程中，在经验与资源的限制下,参与式的运作容易陷入误区,变得形式化及表面化。所谓小区"参与",只停留在"参加活动"的层面,空喊口号而不能达到赋权于贫穷人群的目的。地方干部从上而下的工作传统,事实上不一定有所改变,贫穷的小区也没有得到发展。

究竟参与式发展理念的应用在中国遇到什么困难?这些困难如何才能得到解决?在实践的操作过程当中,如何把符合国际理念的参与式发展模式本土化?怎样才能避免把参与式发展模式变得形式化?除中国政府外,非政府扶贫组织可以发挥怎样的作用?怎样做才能达到真正的赋权?这一连串重要的问题,单从理论层面或参考海外的经验都不足以提供答案,我们需要从国内寻找实践中的经验。

社区的参与涉及赋权于贫困人民,是一种权力的重新分配。地方政府作为主要的利益相关者,对这权力分配改变过程的态度,对项目最终的成败至为重要。推行项目的扶贫组织以何种模式与地方政府合作,以保证项目的可持续性及建立监察系统?经过本土化的社区为本参与式发展模式又是否能达到预期的效果?过程中学习到的经验又有什么政策意义?这里希望能对以上问题提供一些答案。

在已有的文献报告中,对参与式发展理论讨论得很多,国际扶贫经验的报告也不少,但对国内参与式发展的实际运作做全面检视、深入研究的并不多。专注于扶贫组织与地方政府合作模式的更是绝无仅有。参与式发展的精义,在于赋权于贫困群体。扶贫组织如何取得地方政府合作的机会,解决所谓"赋权冲突"的问题,实在是非常宝贵的经验,对参与式发展在中国的实践有重要的启示。正如中国农业大学的李小云教授所言:"参与的概念引入我国虽已有20多年的历史,但无论从实践还是从研究方面看都十分薄弱。"目前很多国内的参与式发展都主要通过地方政府推行。他指出:"我国各种类型的发展干预,无论与我国依靠群众的政治理念,或是与国际上参与式原则都存在着断层。由于参与式乡村评估(Participatory Rural Appraisal,PRA)产生在亚洲、非洲和拉丁美洲的发展实践,如何在中国特定的社会、经济、政治和文化背景下运用,仍须做出巨大的努力。可以说,适合中国特色的参与式方法仍然有待于进一步发展[16]。"

2006年5月,中国政府扶贫办决定与世界银行共同出资,在广西、四川、陕西及内蒙古4省(区)推行小区主导型发展试点项目(Community Directed Development,CDD),邀请3个具丰富国际发展经验,并在中国工作多年的国际扶贫组织(包括世界宣明会、行动援助、国际计划)参加,与地方政府合作,探索最佳的合作方案。

这些试点对于扶贫发展工作有什么样的意义?第一,中央政府肯定了过去参与式发展工作的成效,并且要将社区参与继续推进到社区主导型发展模式。两者之间的分别在于,后者是在小区主导之形式下,贫困社区参与在扶贫发展项目的过程之中,不但得以表达意见,还会由他们作出扶贫项目的所有决定,包括开展什么项目、怎样实施、怎样监督等等,都由贫困农民说了算。第二,政府主动邀请具国际扶贫经验的NGO参与在计划之中,与地方政府及小区合作,并以此经验探索最佳的合作方案。这说明政府认同国际间的扶贫经验,相信政府与NGO的合作能互补优势,让小区做到真正的参与,得到最好的发展。李小云曾指出,"要在项目建立良好施政,非政府组织是一个主要部分,也是参与式发展所要求的[16]。"

(三)中国政府与非政府组织合作的参与式发展实践

从历史的研究,可以知道中国古代已有以非营利组织为主的公私协作关系的典型,如古代的"社仓"和"乡约",又如民初晏阳初于河北定县推动的"平民教育运动"、陶行知在江苏无锡创办的"民众教育运动"、梁漱溟于山东邹平从事的"乡村建设运动"等,均广为世人所肯定。可见政府与非政府组织协力建立伙伴关系有深厚的文化基础,值得深思。

香港学者陈锦棠对中国政府及民间组织之间的关系作出分析和探讨。他叙述了新中国成立之后的历史发展阶段,把过去50多年分成3个阶段。由1949年到1978年改革开放之始为第一阶段,当时中国民间组织大多被取缔、整顿,全国只剩少数由官方控制的全国性组织,真正地方性非政府组织几乎不存在。第二阶段由1978年到1998年颁布《民办非企业单位登记管理条例》为止。在这段时间内,社会环境发生了巨大变化,建立社会主义市场经济体系的改革正在进行,社会团体如雨后春笋涌现。1988年,民政部成立社团管理司。综合来说,这一阶段,民间社团逐渐成为重要社会力量,政府则处于矛盾状况。一方面,希望简政放权,分散国家承担的责任,实行"大社会,小政府";另一方面,政府对民间团体的动员能力、数量及规模都产生重重忧虑,增加监控的力度便是典型例证。第三阶段由1998年实施《民办非企业单位登记管理条例》至今,特征是出现了真正的民间组织,形成了社会团体和民办非企业单位两大类型的民间组织。民间组织的多元化、民间非营利性及专注社会服务领域,意味着我国非政府组织与国际非政府组织基本上达到一致,成为真正的民间组织。

陈锦棠认为,就是今天,中国政府跟非政府组织的关系仍处于相互适应的探索期,未来有多种的可能性等待双方去探讨。而在扶贫领域的政府与非政府组织合作模式的探索,应可以作为整个第三部门的借鉴[7]。

吴锦良描述中国政府与社团过去的关系时,也与陈的分析不谋而合:"在中国,社团一直被当做异己力量,受到严格控制。从1949年至改革开放的30年时间中,民间社团在中国社会生活中几乎消失了。1976年以后,社团开始'复活',并出现了'爆发式增长'的态势,这固然有其复杂的成因,但政府在其中无疑扮演了十分重要的角色。中国的改革被称为政府主导型改革,政府是中国各个领域改革的总导演[84]。"

2006年马秋莎在其《全球化、国际非政府组织与中国民间组织的发展》文中详细分析了近20年国际NGO进入中国所遇到的困难以及与中国政府的互动关系[102]。他指出,自改革开放以来,最先推动中国政府与国外NGO接触的机构就是联合国。"1984年,联合国计划开发署(UNDP)驻华代表建议中国政府能否在接受国际援助同时,接受国际民间组织的援助,此举最终促成了对外经济贸易部中国国际经济技术交流中心和中国国际民间组织合作促进会的成立[103]。"到了20世纪90年代末,各国政府及国际组织每年向全世界提供的援助金额约450亿,其中中国每年约得60亿美元,其详细来源如下:40亿美元来自发展银行,例如,世界银行和亚洲开发银行,15亿美元来自双边援助,8 000万美元来自联合国机构,6 000万美元来自国际非政府组织(International Non-Governmental Organization,INGO)[104]。另一份2003年的研究更认为国际NGO的对华援助数字为1亿美元[102]。

这些INGO及其资源对中国的影响在很大程度上反映了中国政府的改革日程以及中国政府允许国际组织介入的程度。近10年来,INGO在中国的深入发展表明,政府对这些组织的态度从整体上看是开放与积极的。这种态度可以从几个方面来理解:

第一,经济、政治的全球化促使中国政府走向国际,加强与国际 NGO 的合作有助于达到这一目的。第二,中国政府把与国际组织的合作看作是中国走向全球化的一部分。第三,国际 NGO 的进入在很大的程度上与中国政府的改革日程合拍。"小政府,大社会"已成为中国机构与体制改革的重要战略之一。在社会救助、服务、公益事业等方面,很多工作主要由社团、民办非企业单位和社会来承担。

马秋莎认为对中国政府来说,国际组织对中国公共事业的参与和扶助虽有风险,却是利大于弊。中国政府与 INGO 的合作经历了一个缓慢的探索磨合过程,期间双方都越来越认识到合作的必要性,都有合作的动机。根据中国的国情,双方的共同努力与让步显然是 INGO 进入中国不可缺少的前提。大多数 INGO 为了能得到在中国发展的机会,也主动与中国政府合作。随着它们对中国国情的了解渐深,更有一些组织主动采取自我审查(self-censorship)的对策,即自行避开了可能引起政治或其他麻烦的项目。

(四)参与式发展在中国的实施

自 20 世纪 90 年代开始,联合国和国际发展组织在中国推行扶贫计划,国际上流行的参与式发展模式的原则和理念开始成为中国贫困研究的重要课题。参与理论对发展工作产生的正面影响包括了使到项目能达到更公平、更有效率的目标。学者们也开始以一种或多种互动关系来看待贫困问题。穷人也被看成发展主体,公平的发展意味着接受多样化的、非线性的发展模式[105]。

贫困人群所拥有的地方知识、民族文化不应被忽视。以政府为主体的反贫困战略,往往是从上而下的,以施予者的态度强加在穷人身上,忽略了让贫困者发挥自身的能力与作用。贫穷人口应该有权利分享扶贫资源,也有义务承担责任[106]。

李小云在《谁是农村发展的本体》一书中发表了北京农业大学农村发展学院等机构一批致力于扶贫之发展学者在参与式本土化行动中的见解。作者认为,农民并非是唯一的发展主体,如果忽视了农民参与及其真正的需求,必然会导致发展工作的效率低下。学者们提出应由重视农民的需求出发,探讨如何建立乡村发展中的新型伙伴关系[107]。

沈红综合国内对贫困的行动研究发现,根据扶贫方式的不同特征,中国的扶贫行动可分为几个不同的阶段:1985年以前,主要依靠总体经济增长缓解贫困,行动框架是以社会经济政策辅之以救济式扶贫;1986年以来,转向依靠政府干预的开发式扶贫策略,以贴息贷款为主的信贷扶贫计划,与区域开发计划相结合;到了90年代中后期,扶贫政策得到国际扶贫组织的经验影响,更为多元化,参与式发展广泛被接受及引用,扶贫方式变得更以人为本[108]。

1. 群众参与和国内小额信贷扶贫

中国鉴于孟加拉乡村银行(Grameen Bank)成功的扶贫方式,于20世纪90年代引进小额信贷作为扶贫的一个模式。过去由政府推行的贴息信贷计划效率低下,而穷人亦未得到正式的金融服务。小额信贷的引进,被誉为"我国扶贫工作方针的一次革命性转变"。然而,小额信贷的商业化经营方式很快便引起学术争议:穷人能否负担商业贷款般的高利息?商业化经营是否与非营利性的扶贫目标相违背?经济学的分析认为,小额信贷是一种经过实践改造后的一套相对完整固定的组织及管理形式。它通过减小金融风险,增加穷人和微型企业的还款能力。从社会学的角度分析,小额信贷采取穷人自身组织起来的方式,其关键在它组织制度上的创新。小额信贷帮助穷人确认在改变自身命运中的自主地位,成为扶贫和发展的主体,帮助贫困者建立参与的信念。小额信贷也采纳了明确的性别取向,有效地帮助贫困妇女获得自信及建立能力。而扶贫资金直接到户,亦保证了资源自动寻找目标的功能。

2. 参与式扶贫发展

参与式发展结合了外来的干预及贫困社区内部的发展潜能,它有效地发挥穷人的地方文化及智慧,动员他们成为发展的主体。参与式有别于过去由政府使用的扶贫方式。传统做法是由政府作为主导,扶贫项目的设计及实施皆由上而下的加于受助社区,贫困农民被视为无能力、无知识的弱者,只能被动地等待救济。

自20世纪90年代中期开始,一些国际发展组织开始使用参与式发展模式在中国进行示范计划,取得了显著的成果。参与式方法强调鼓励村民参加社区发展的所有计划及决策过程,参与的主动性是成功长期发展的首要条件。其背后的理念是贫困人口应该成为发展的真正主体,有权力参与决定他们生活的决策,也有义务去参加项目的活动以确保其按计划执行。这里面也包括了重视贫困妇女的参与,从而提高她们的社会及经济地位[109]。

3. 对国内参与式发展的批判

李昌平在"三农中国"文章中形容参与式的社区发展工作是国际NGO在中国农村开发工作的共识。的确,目前,在世界银行、亚洲发展银行等众多边发展机构的大力推介下,参与式发展模式蓬勃发展,如果项目建议书没有加进"参与式"的词汇,寻找资助的时候还会遇到一定的困难。然而实施真正的参与式发展是需要大量的时间及人力投入的，如果只在纸上谈兵，实际执行时徒具其表，自然得不到应有的效果。

其他学者谈论到参与式发展的不足时，也指出，贫困地区农民的参与能力，远比非贫困地区低，在这种情况下，参与式扶贫容易变质，成为相对被动的"动员型参与"，脱离了参与的原意，这是值得关注的问题[106]。

李昌平在考察了多个国际发展组织的项目社区后，提出了几个问题。包括参与式目标化、赋权边缘化、参与的强制化、低效化和无界化、外部化及万能化等问题。他指出当参与被放到至高无上的位置时，很容易会由一个工具演变成最终之目的。而当任何问题似乎都可以借参与得到解决时，对参与式发展就是寄予过高而不符实际的期望了。这样的发展并不健康，参与式发展模式容易沦为形式化，不但没有任何意义，并且会失去其应有的功能。

第二章　研究方法及研究区域概况

第一节　个案研究方法

一、个案研究意义

本书的研究结果,作者相信有以下意义。

(一)地方政府与国际组织在扶贫领域合作模式的成功案例

如上面文献综述显示,目前,国际上政府与非政府组织间的互信与合作、互补长短已成大势所趋。对于非政府组织在中国工作的研究,国内的社团研究起步较早,黄平等就对中国的非营利部门的分类做了很详尽的分析。然而,过去的研究很多是以非福利性社团为对象,对扶贫及社会福利社团的关注不够。如,在王颖等的调查中,99家受调查的社团中只有3家是社会福利社团,其中更没有专注于扶贫的机构。不同领域的社团存在显著差异,所以,需要有更多有关社会福利社团的研究[1]。本书对世界宣明会这样的扶贫机构的工作理念以及具体运作情况做了详细介绍和分析,对国内的非营利部门的研究有启发作用。

不少现有文献指出,目前,政府与非政府组织之间缺乏互信,很少有成功的合作案例。现在,中国政府与非政府组织的关系还存在很多问题,引起部分学者的呼吁,希望政府和社会应更加关注诸如制度约束、社会资源约束等问题[6]。现存文献中缺少的正是地方政府与非政府组织具体合作的成功案例,介绍地方政府与在当地进行扶贫项目的扶贫组织如何彼此配合,在运作过程中出现什么问题,如何解决问题等。本书针对政府与非政府组织合作关系的研究正好填补这一不足。

吴东民等在《非营利组织管理》一书中讨论到中国政府在非政府组织发展中应起的作用时建议:"要努力建立政府、企业与非营利机构的竞争/合作关系:政府、企业和非营利组织这三大部门需要建立一种竞争/合作关系。一方面既要多元竞争,权力分化;另一方面又强调多元合作,权力整合。政府在推动社会发展方面的职责主要是制定政策,并进行监控;营利部门的主要职责是提供私人产品与服务;非营利部门的职责,是提供一定的公共服务,实现民间自治。这三者之间的关系,可以称为'伙伴关系'。密切合作,即有所分工和互相协调的关系。社会的发展,需要政府、营利性组织与非营利性组织这三种机构的共同努力[74]。"然而,这种"伙伴关系"如何运作,结构上彼此如何划分,都不能只凭空想象,需要在实践经验中进行总结。合作关系中,政府方面有哪些风险上的考虑,非政府组织方面使用什么样的沟通策略以及彼此的互动磨合过程如何等等问题都是本书研究的重点,可成为其他扶贫项目重要的借鉴。

自2006年开始,中国政府扶贫部门也在探讨与非政府组织在参与式发展项目中的合作模式。在本研究案例中,宣明会作为一个国际非政府组织,能在该项目的设计及推行上与地方政府建立起一个合作无间、互补优势的工作模式。这样的合作关系的组成及维持对国家有着重要的政策意义。

(二) 国际非政府组织在国内山区实践可持续发展的经验

过去近50年,国际社会在扶贫发展上投放了大量资源,进行了多种尝试。联合国开发署及世界银行等国际组织近年在总结很多经验后,对参与式发展模式作出推介。参与式发展模式,虽然在国际上已被广泛接纳,并且有很多深入的案例研究及评估;然而该等报告主要来自非洲、南美及亚洲其他地区。国际文献对该模式是否能带来预期效果并非完全认同,其中也有不少保留意见。其中最大的争议点是各国有其不同的历史文化背景,在进行发展时能否把来自西方的价值原则本土化,产生实际的功效。

虽然近年中央扶贫机关对推动社区在扶贫项目中的参与不遗余力,党中央、国务院更在《中国农村扶贫开发纲要(2001～2010年)》中采纳了参与式扶贫村级规划方法,在全国27个省份开始试验性推广。但是,目前为止,国内推行参与式发展项目的单位仍是以政府地方职能部门为主,有非政府组织参与的极为少数。一些研究贫困与发展的学者指出,"国内对贫困山区可持续发展的研究文献,一般以地方政府职能部门和地方科研院校研究者的研究成果为主[14]。"本书由非政府组织作为发展推动者的身份写出,有其独特的视角,可对贫困山区可持续发展的研究文献作补充。

国际间大量的经验都指出非政府组织在参与式发展的过程中作出重要的贡献。众多学者也不断呼吁政府应尽快和非政府组织建立伙伴关系。李小云指出:"在许多欠发达地区,权力往往高度集中于政府部门,这与传统的自上而下的施政方式和发展途径是一致的;它完全不利于参与式发展途径的运用。"因此目标群体的自治组织的发育，或叫做当地机构建设（Local Institutional Development），是参与式发展中制度建设的另一个核心。"非政府组织的建立和积极参与发展干预的过程，是建立良好施政的条件，也是参与式发展所要求的[16]。"世界银行参与式发展资料手册（The World Bank Participation Sourcebook）中也清楚指出，非政府组织是世银资助项目中有效的中介组织，应尽早让其参与在项目的工作过程中[110]。

本研究记录了世界宣明会在过去的10年间如何将其国际扶贫经验引入国内，并将参与式发展模式本土化，把赋权的扶贫理念在永胜山区加以实践，取得成果。长期的实际操作经验对参与模式如何在中国的政治社会环境中实践具有重要的启示作用。

（三）国际扶贫组织在中国扶贫事业上所发挥的作用

国际非政府组织研究中较为薄弱的领域是对国际扶贫组织如何在农村进行综合扶贫开发工作的研究。现有文献研究的社会服务机构对象已经不多，其中颇具规模又有实际操作、进行农村发展的机构更少。

世界宣明会总结其全球经验，将参与式发展模式以本土化及操作化的方式带入中国农村。本书对该组织的具体工作理念、项目执行原则及管理方法做了详细的描述，并邀请外来学者对其项目产生的影响和效益等作出评述。永胜县的项目经验记载了一个贫困农村社区历时10年的规模发展进程。

现有国内文献中提及的扶贫项目多为单一干预项目为主，如，小额贷款、科技扶贫等。而以整个县域为目标的大型综合扶贫项目的介绍很少。本书对此类项目的经济规模的利弊作出讨论，更对实际执行项目时所遇到的各样问题做了分析，对目前关于农村发展的文献是一个及时的补充。本书得出的结果相信对"三农问题"的解决有一定的启示作用。

此外，本研究也可以加深了解今日中国的社会制度对扶贫组织参与发展工作的挑战。由于缺乏对国际发展历史的了解，新中国成立以来，从社会规范到法律制度都不利于扶贫机构的参与。现存国内文献已有不少提到目前的制度如何不利于海内、外扶贫机构的发展，但其中着眼于实际操作层面上所遇到障碍的却不多。本书讨论了国际非政府机构在实际操作项目时面对的挑战，并介绍其如何克服困难、推进发展项目的实施过程。这些资料无论对其他非政府组织还是政策制定者，都有一定的启发作用。

二、个案研究类型

本书采用的研究类型属于个案研究（Case Study），即以定性方法对中国西部山区贫困县的扶贫发展过程进行分析，聚焦于该项目过程中地方政府与国际扶贫组织——世界宣明会的合作关系，分析该合作关系对社区在项目过程中的参与带来怎样的影响。

该研究选取中国云南北部永胜县的脱贫发展过程作为个案，通过长时期、多次的实地观察及访谈，记录了该贫困山区自1996年至今10多年间的变化，再辅以当地文献资料研究，与官员深入访谈，分析国际扶贫组织与地方政府合作，以参与模式开展扶贫工作前后的变化过程。

本书研究的重点并非对永胜项目进行评价，而是注重分析参与式发展的实践经验，特别突出扶贫组织与政府合作模式对项目实施带来的影响。

永胜县10多年前是国家级贫困县，因地处地震带，多年以来天灾不绝。1996年2月，丽江地区发生7级大地震，伤亡人数达2万人，直接经济损失46亿元，永胜县亦受到严重打击。在省民政厅的引进下，国际发展救援机构——世界宣明会到达永胜开展救援及重建工作。在1997年救灾工作结束后，世界宣明会因深感永胜山区的贫困落后，与县政府订下为期10年的合作发展项目，以参与式发展模式进行区域发展。在这10年之间，永胜发生了很大的变化。这些变化，在一定程度上反映了政府与国际NGO以合作模式施行扶贫开发项目带来的效果。

由于国际扶贫组织在中国农村进行大型发展项目的案例很少，本书并不会对所有扶贫组织的工作作概括性描述，也不会对扶贫方法作全面的介绍，故此没有采用定量研究方法。而以定性研究为主，借用源自人类学的实地研究方法，对该项目中不同群体间的互动进行细致观察、深入检验及描述，这是达到研究目的的最佳方法。通过了解当地的风俗文化、地理生态环境及经济状况，一方面可以找出该社区多年以来之所以欠发达的原因；另一方面，也能了解当地的民族特色及其当地靠传统智慧保证生存的策略。参与式发展模式强调的是当地民众的声音及参与，我们将检验地方智慧是否能融进项目设计当中。而当地的精英、扶贫组织与地方政府间之互动关系对项目的有力影响，这也是本书的研究重点。

三、个案研究方法

（一）作者进入现场方式

作者本是香港的一名医生，于1996年全职担任世界宣明会中国办事处的总干事,负责该国际扶贫组织在中国的工作。自永胜项目于1996年救灾重建开始,直到后来长期发展项目的设计及开展,作者都以工作人员的身份参与其中,主要负责与各级政府关系的建立及维系。

当然,以项目工作人员的身份进入现场,有其优点,也有缺点。由于世界宣明会长期以来的扶贫工作为当地带来发展,地方政府及老百姓都乐意接受访谈,给予意见。而参与式发展的工作涉及大量农村社区探访工作,就是住在偏远山区村落的老百姓都与世界宣明会工作人员非常熟悉,都热情地接受访问,期间并没有遇到任何困难。同时,由于世界宣明会与地方政府通过多年合作,建立了较深的互信关系,作者在永胜县的实地调查得到了各级政府的鼎力支持,收集到了较为全面的第一、二手资料。

由于作者对世界宣明会全球的发展工作理念有深入的了解,可以便利地从机构的项目执行手册和机构政策等文献中收集资料。世界宣明会亦于项目中期分别邀请不同的中国社会发展专家到项目点进行评估,由此得来的评估报告等文件也成为本书宝贵的研究资料。而有关项目与地方政府签订的合作协议书,记录了 NGO 与政府的合作模式和内容,也成为本书重要的研究资料。

然而,作为机构项目工作人员的身份也为本书的研究带来一些限制。因研究者与机构有着共同的利益关系,可能不自觉地失去了客观立场。当与老百姓访谈时,受访对象也可能因客套而未能尽诉其真实的感受。因此,为了尽量保持数据的客观,作者在进行较大规模数据访谈时,请来了一批大学生志愿者作为访问员,在一位中国社科院已退休的研究员领导下进行数据收集,务求做到客观中立。作者非常明白本研究并非工作报告,更无意以此推扬世界宣明会的工作成果。所以，在收集资料及进行分析过程中，皆剥离工作人员的观点，力求客观中立，跟从社会科学研究的每一步骤，让事实说话。

除了实地观察记录，工作人员进行深入访谈，记录笔记及人物历史笔记数据外，作者更辅以下列文献研究，以加深读者对案例社区过去及现在状况的了解：

① 地方政府编印的历年县志，包括官方在社会、民生、经济各方面的统计资料；

② 世界宣明会国际对项目管理、人事及财务管理的政策文件；

③ 世界宣明会与中国政府的合作协议文件；

④ 永胜项目办公室数据库有关项目的文件，包括与县政府合作协议、项目设计、项目执行期间的报告、中期评估、专家评估报告、10 年回顾文献等等。

(二) 研究对象

本书选取云南永胜县作为研究个案的理由如下：

① 云南省位于中国西部边陲山区，多个少数民族聚居，是中国贫困社区较为集中的省份，属偏远山区型贫困的典型。这里的工作经验相信可供很多贫困山区的农村作借鉴。

② 世界宣明会在中国不同省份都有与政府的合作，多为参与式发展模式的大型综合开发项目，但永胜县的合作项目为期最长，已有10 年的历史。项目较为成熟，比较适宜进行评估。

③ 永胜县政府与世界宣明会有 10 年的项目合作关系，经过互相适应的磨合过程，彼此关系十分融洽，大家都觉得应该把"永胜模式"这一扶贫伙伴的合作模式进行推广。

④ 永胜县位于金沙江流域，地理环境变化很大，由高山到河谷，

从炎热到寒冷,项目设计也因气候地理条件不同而呈多样化,具有一定的代表性。

⑤ 除了短期及小规模的救灾行动外,永胜县在过去10年中,除世界宣明会外并无其他大型的政府或非政府组织的扶贫投入。

在实地调查设计上,作者选择了当地几类不同的人物,作为深入访谈的对象:

① 永胜项目社区的老百姓;
② 当地曾与世界宣明会合作的政府官员;
③ 在当地招聘的、多年来参与发展工作的人员;
④ 世界宣明会先后派驻在当地工作的项目负责人员。

(三) 资料收集方法

本书在数据收集过程中使用了如下方法:

① 设计针对机构本地员工的访谈提纲,然后进行个人及焦点访谈(Focus Group);
② 设计社区的结构访谈问卷,然后到选定社区进行问卷调研;
③ 收集机构项目办及中国办总部数据库的各种项目文件;
④ 收集县政府过去10多年的县志;
⑤ 深入访问世界宣明会项目负责官员(不同时期的项目主任共3人)。

(四) 数据分析方法

本研究的一个重要目的是探讨参与式发展在中国农村中的实践。作者采用了深入访谈的定性研究方法。包括以下几项资料整理和分析的工作:

1. 建立档案

本书把各种数据进行分类,建立了以下几个系列的档案:

(1) 背景档案

收集所有永胜县的地理、经济、文化、民俗的背景资料。这些数据大部分是官方的记录、县志等文献资料,也包括世界宣明会在项目设计阶段的永胜调查报告。

(2) 传记档案

记载永胜县中的各种不同人物,这些人长期从事参与式发展项目。

(3) 访谈记录档案

访谈记录分为无结构访谈记录和结构访谈记录。

(4) 参考文献档案

(5) 分析档案

根据分析的专题将各种资料集中起来。定性数据编码的确定是根据施特劳斯对定性资料分析的方法,作者将原始数据组织成概念类别,创造出不同的主题及概念[111]。在初期阶段所得的数据,作者较多使用开放式编码(Open Coding)方法。在原始数据中大量零散的、混杂的数据中寻找某些主题、关键词等,以红笔标上记号,在纸的边缘写下概念标签。

比如在对造成永胜落后的原因进行分析时,在开放编码的过程中,作者了解到各种导致当地社区贫困(或未能发展)的因素。这些概念包括了自然的限制、物质的匮乏和社会资本低下等。作者也明白当地百姓要进行发展所面对的困难以及他们克服这些困难的一些策略。在首轮编码过程,作者掌握了永胜社会经济的大体情况。在后期所得的数据中,作者开始用轴心式编码,围绕世界宣明会项目重点所带出的工作目标,例如赋权(Empowerment)及能力建设(Capacity Building)等概念,寻找相关的线索作出分析。最后,当几个明确的核心类别(Core Categories)出现以后,作者开始进行选择式编码程序,以便选择性地查找那些说明主题的个案,并对数据进行比较和对照。这一步骤帮助作者识别研究课题中最重要的主题,以便把研究结果都统一在核心主题范围之内[111]。

2. 确定研究的可信性(Credibility)

可信性是指研究本身在多大程度上可以产生令人信服的发现和解释。林肯与古柏(Lincoln & Guba)曾指出,要确保研究发现的可信度,可以采取一系列研究策略,包括延续的接触、持久的观察、同辈的陈述及重复回访等[112]。

(1) 延续的接触(Prolonged Engagement)

延续的接触是指研究者以较长的时间去接触研究对象,建立关系,以达到特定的研究目的。这对于了解当地文化、建立信任关系及检视受访者可能扭曲的信息尤为重要,可以确保提高数据的可信度。

永胜项目的 10 年期间,作者一直保持与地方政府的良好沟通,几乎每年至少有一次到永胜社区探访。在撰写本书期间,更是每年多次到访,与很多关键的受访者例如地方官员建立了互信关系,是名副其实的延长接触,保证数据的可信性。

(2) 持久的观察(Persistent Observation)

持续多年的观察帮助作者对当地民生的变化有深入了解,可以说有见微知著的作用。10 年间,社区变化巨大,各种人群的改变也很明显,以 10 年持久观察而得来的记录有利于作者更准确地分析访谈数据,增强了数据的可信性。

(3) 同辈的陈述(Peer Debriefing)

为了验证受访者提供的数据,避免信息的扭曲,作者在挑选访问对象时,尽可能安排作者同辈参与访谈。这样做是让研究者能得到同辈的意见,甚至批判性意见,提出另类观点,以减少研究者因主观偏见而带来的误差。

(4) 重复回访

经过一段时间后,作者对受访者进行回访,以保证数据的一致性,避免前后矛盾,也可以帮助作者深入了解受访者的观点和看法。由于多次到访,作者与受访者建立了彼此信赖的关系,再次访谈不会显得突兀。在深入访谈中,共有 10 多个受访者接受至少 2 次或以上的访谈。

通过以上的多种研究技术的应用,本书保证了研究资料的可信性。

3. 认识研究的局限性

尽管作者尽量以世界宣明会以外人员的身份进行访谈,也引用大量机构以外学者的评估结果作为研究资料,力求客观地分析案例区10年来的改变,但在分析过程中仍然难以避免主观分析的存在。

另外,作者为国际非政府组织的中国负责人身份,与中国政府官员作访谈,难免有其政治敏锐性。该项目在不同阶段请来了不少国内扶贫发展的权威学者,对项目作出更为客观的评估,一定程度上弥补了因作者身份带来的利益冲突而可能导致的研究的主观性。

中国的农村贫困问题的自然条件的诱因各不相同,永胜县贫困的自然因素主要源于其特殊的地理位置和地貌类型。本研究针对永胜情况分析而得的发展制约因素及与当地政府合作的策略对其他不同自然因素导致的贫困,如西部深山区和荒漠区,未必完全适用,但相信也有很大程度的共性,可供参考。

10年是比较长的时间,期间直接和间接影响永胜发展的因素是多样的,也是变化的。除了世界宣明会的工作外,也包括政府不同的投入以及国家政策改变所带来的影响等。因此,本书分析的重点不在于评价永胜目前的发展成果有多少是来自世界宣明会的发展项目的,只注重参与式发展工作的进程及其对永胜所起的作用。

第二节 永胜县概况

永胜县位于云南省西北部,处于云贵高原和青藏高原衔接部,也是滇西高原与横断山脉两个地形单元的结合地区。永胜县境东西横距82公里,南北纵距140公里,幅员4 950平方公里。地形东北高、西南低。全县境内有多种地貌类型,山势连绵。因地势高差、地貌复杂、降雨量不等,形成了冬春干旱、夏秋多雨;高湿冷、中温凉、低干热,气候垂直变化明显、南北差异较大的低纬高原季风气候。

地方政府对1997年之前的永胜状况有如下评语:"整个大农业综合生产率低、商品率低、结构上也不尽合理,特别是工业起步晚、发展较为落后,基础薄弱、资源开发程度低;经济贫困、人才缺乏、技术落后、剩余劳力多、文化素质差、扩大再生产困难;山区面积大,生产条件差,贫困面大,森林覆盖率下降,生态环境变劣;交通不便,线路等级差,路况差,山区、半山区的村还全靠人背马驮,属一个待开发的县[113]。"

长期以来,永胜县一直未能摆脱贫困县的面貌,其原因何在?是由于一些不可改变的外在因素,还是只是一些短期的制约因素,是否可以通过资源的投入改变贫困状况?如果永胜具有发展潜力,那最为关键的发展因素是哪些?这些问题无论对地方政府或是对发展工作者来说,都非常重要。

从收集到的各类有关永胜的历史文献中,我们可以清楚看到10多年前永胜县的经济及社会发展状况。这些永胜县域背景情况的介绍或多或少反映了中国西部山区农村人民生活的贫困状况。通过归纳分析,我们也可以从县这一级的空间尺度,找到一般西部山区类似有些环境中的农村未能发展起来的制约因素。这些资料来自不同的文献,包括永胜地方政府编写的《永胜年鉴》,世界宣明会的项目文件如:项目设计书、基础调研笔记及当年进行参与式农村评价(PRA)时作社区访谈的记录等。

1997年永胜县的自然、社会经济状况如下[113]:

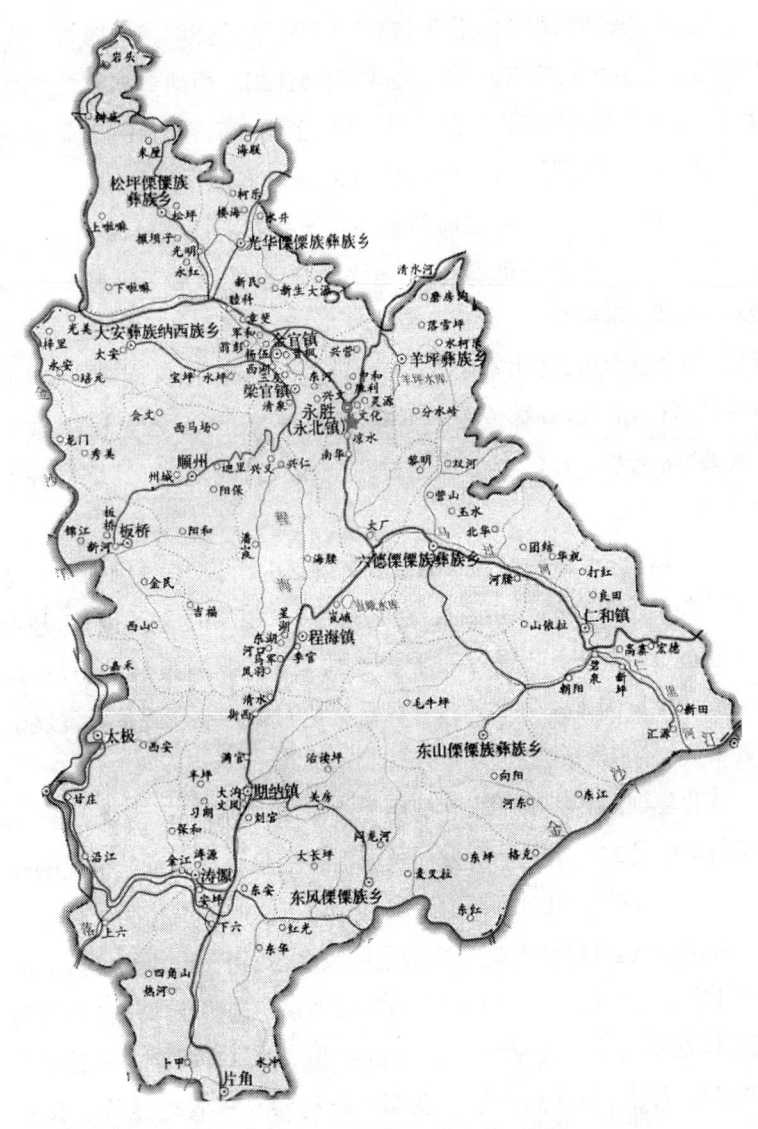

图 2—1　云南省永胜县行政区划图

一、项目开始之前全县自然及社会经济概况

（一）气候

永胜属低纬高原季风气候,受印度洋高压气候控制,同时也受西伯利亚和青藏高原冷气团入侵影响,加之地形地貌起伏变化大,具有南亚热、中亚热、北亚热等多种气候类型。主要特点是:冬春干旱,夏秋多雨,雨热同季。气候垂直变化明显,高湿冷、中温凉、低干热;南北差异较大,南部热旱、中部温暖、北部寒湿[113]。

（二）地质地貌

永胜境内群山连绵,地处云贵高原和青藏高原的衔接部,也是滇西高原与横断山脉两个地形单元的结合部。地势北高南低,中部处于程海大断裂带上,北临横断山脉,由于受第三迭纪喜马拉雅山运动的强烈影响和金沙江水系切割,境内有江、河、湖泊、山原、盆地(坝子)、河谷等多种地貌类型,山脉为南北走向,由东西两组山群组成,金沙江自北向南围绕西界折东穿过南部地区环绕三面出境,形成两山对峙、一江环绕的立体地貌[113]。

1. 河谷阶地、漫滩

主要包括金沙江、五郎河、马过河三个流域,光热资源好,土地开发潜力大,作物一年两熟至三熟,是永胜县主要经济作物优势区[113]。

2. 东西部高中山区

分为两个亚区:① 深切割平顶状高中山亚区,位于程海大断裂

西侧、金沙江以东,包括松坪、大安、顺州等 6 个乡的大部分或一部分,岩层主要由二迭系玄武岩组成,海拔 2 200～3 500 米,该亚区热量不足,坡度较大,自然灾害多,农业经济发展缓慢,但林业、牧业有优势。② 深切割垄状构造高中山亚区,包括东山、东风、仁和、羊坪,海拔 2 400～3 500 米,岩性多样,成土母岩复杂,山高坡陡、耕作粗放,气候寒冷,林牧业有优势[113]。

3. 溶蚀高中山区

主要由碳酸盐类岩石组成,分为两个亚区:① 岩熔断块高中山亚区,位于程海之东,北起光华,南至星湖之北的狭长地带。面积较小,土壤为石灰土,黏重瘦瘠,有机物含量低,宜发展牧草。② 岩溶褶皱高中山亚区,主要分布于大安、顺州、四角山及马过河中游六德的部分,一般山脊呈条带状分布,侵蚀切割强烈,农耕粗放,山地难利用,只宜种草种树[113]。

(三) 植被与农业

受立体地型、立体气候的影响,植被资源丰富、品种繁多,适宜种植的作物有水稻、玉米、麦类、荞类、瓜类、藕类、甘蔗、花生、油菜等,共计粮食作物品种 255 个;经济作物品种 34 个;果树 16 科,24 属,37 种;蔬菜 62 种;林木品种有杉、松、椿、桐、桃、柏、檀、杨柳、攀枝花、水冬瓜等,以云南松为主,37 类 11 种;野生及人工种植药材 270 种;草类 446 种;花类 72 种;食用菌类 11 种,形成了永胜县为农业县的客观条件[113]。

（四）社会经济状况

永胜县境内居住着汉、傈僳、彝、纳西、白、傣等 23 个民族，369 811 人，其中农业人口 346 504 人，占总人口 93.7%；非农业人口 23 307 人，占 6.3%；少数民族人口 113 176 人，占 30.6%。人口密度为 74 人/平方公里。

1996 年末全县有林业用地 308 667 公顷，占总土地面积的 62.36%，其中有林地面积 119 973 公顷，森林覆盖率 24.2%。实有耕地面积 27 302 公顷，其中水田 13 165 公顷。农作物播种面积 42 453 公顷，其中粮食作物（包括稻谷、小麦、玉米、豆类和薯类）播种面积 36 515 公顷，粮食总产量 136 987 吨，粮食平均亩产 250 公斤，人均有粮 370 公斤。农业总产业值（按当年价计算）43 203 万元，其中农业产值 24 423 万元，林业产值 1 941 万元，牧业产值 14 158 万元。乡镇企业总收入（含税）26 392 万元，总产值 21 594 万元；工业总产值 27 182 万元。农村经济总收入 35 990 万元，纯收入 22 706 万元，农民人均收入为 608 元。1996 年国民生产总值 57 100 万元，其中第一产业 27 409 万元，第二产业 11 480 万元，第三产业 18 211 元。1996 年地方财政收入 3 031 万元，支出 10 461 万元，财政自给率为 28.97%[113]。

二、永胜县贫困乡村概况

通过世界宣明会项目开始之前的文件，我们可以看到永胜县当中几个特别困难的乡村（亦是宣明会选择作为项目点之所在）的经济状况。

(一) 六德乡团结行政村

六德乡团结行政村位于六德乡政府东南 13 公里外,总人口 948 人,全部为傈僳族。这个行政村分布于不同的山顶上,交通极为不便,从主要公路下车到村公所,只有一条十分陡险的人马驿道。由于长期的乱砍、滥伐和刀耕火种的原始耕作方式,致使生态环境非常恶劣,生态系统十分破碎。团结行政村总耕地面积为 1 970 亩,主产水稻、玉米。水田 744 亩,分布在离居住区较远的华祝,耕种、收获、农家肥的搬运都得依靠人背马驼;1 226 亩旱地零星分布在居住区周围的石堆中。由于水资源缺乏,人畜饮水都很困难,农业生产基本上处于靠天吃饭的状态,粮食产量极低。

该社区的教育条件也十分落后,整个行政村有 4 所小学,其中 3 所小学为 1~4 年级,一所为 1~2 年级,读到 4 年级以后就必须到其他地方去上学。该村现有 8~14 岁儿童 150 人,其中 62 人在校读书,60 人读过一、二年级后即辍学,20 多人从未上过学,该村当年无 1 人读过初中,学生流失情况严重。

团结行政村在 1990 年总人口 1 002 人,1996 年为 966 人,1997 年为 948 人,人口呈负增长,其原因主要有:

① 交通不便,医疗卫生条件差,不能及时就医;

② 缺乏卫生医疗常识;

③ 经济落后,生活在该社区的儿童在教育、卫生、保健各方面都得不到保证。

(二) 片角枯木村状况

片角枯木自然村是一个纯傈僳族村,地处金沙江沿岸的干热河谷地带及山区,有104户,429人,耕地560亩,产玉米、高粱,因此地缺水,草木难以生长而干枯,故名枯木村。仅有一条人马驿道与外界相通,是东华、红光两个行政村所辖15个自然村的必经之路和唯一门户,交通运输主要靠人背马驮,村民到附近集市要行35公里。村落所在地因生态环境遭到破坏,水土流失、滑坡现象严重,资源缺乏。农业生产全是靠天吃饭,耕作粗放,全村有一半以上的人还未解决温饱,人畜饮水比较困难,全村仅有一股自然水供人畜共饮。

枯木自然村有1所小学,1~4年级各1个班,共44名学生,2名教师,办学条件较差,仅有2间破旧山教室。枯木全村0~12周岁学龄儿童总人口58人,已入学45人(民族班1人),辍学9人,从未入学4人,现在没有1人读初中,都因为缺钱少粮而中途辍学。全村400多人仅有1名村卫生员,该社区儿童在教育、医疗、卫生保健等方面都无法得到保障。

(三)羊坪乡的状况

羊坪是一个纯彝族居住的少数民族贫困乡,下面分析项目开展之前羊坪乡的社会及儿童状况。

1. 社会经济发展状况

羊坪乡是一个纯彝族的少数民族贫困乡,全乡幅员164.1平方公里,海拔在2 560~3 953.9米,年平均温度7.9~10.5℃。全乡辖5个村民委员会,51个村民小组,1 674户,6 438人,16岁以下的儿童2 446人。羊坪乡一年只能种植旱杂粮一熟,洋芋是农户主要粮食作物,农户温饱问题尚未得到解决。1997年全乡人均年收入为497元人民币,人均粮食270公斤。因经济收入较少,大部分居民居住在简陋的黄板房中,只有少部分有经济能力的农户能住上土木结构的瓦房。

2. 儿童的营养和发育状况

农户家里常年食用洋芋,鲜能吃上蔬菜、水果和肉类,单一的食物结构影响了儿童的身体发育。儿童居住分散,上学要走很远的山路,经常饿着肚子上课,部分则仅带1~2个洋芋做午饭充饥,造成在校学生的营养状况很差。在校学生的外表与城市儿童相比,明显地偏瘦和偏矮。这些现象反映当代人长期处于整体性营养不良的状况。

3. 教育文化发展状况

据1997年的资料,羊坪乡有小学15所,在校学生637人,其中女生285人,7~12岁适龄儿童入学率为88.3%,小学巩固率89%,小学的辍学率11%,女童入学率83.22%,小学男女生比例为100∶43;初级中学1所,在校学生41人,其中女生7人,13~15岁儿童入学率为8.6%,中学巩固率70%,中学辍学率30%,中学女童入学率为5%,中学男女生比例为100∶17;12岁以上的人口文盲半文盲3 414人,占总人口的56.46%。在15所小学中,12所学校是旧房,有1 900多平方米的危房;桌椅大都没有抽屉,尺寸均不标准,其中还有5~6个班用木板搭建的课桌椅来上课;教师除了三角板外没有其他的教学用具。因家庭经济困难和部分父母送儿童上学的意识不足,一些学生早就辍学回家,所以羊坪乡的儿童入学情况呈明显的金字塔形状。因"重男轻女"习俗的影响,很多女童在16~17岁就要出嫁承担家庭的责任,女童到学校上学的数量就更少。

4. 医疗卫生状况

1997年,羊坪乡的医疗卫生服务设施包括1所卫生院,7名医护人员,全乡5个行政村各配有3名乡村医生,有计生服务所为妇女提供生殖健康服务。由于医疗设施及设备十分简单,医生的医疗技术水平有限,不能为农户提供小型的手术服务,只能应付一些常见的较轻的疾病,如感冒、腹泻、呕吐等等。另外,医护人员在只得到90%的薪酬保障前提下靠医药费增加收入,这相应提高了治疗成本而导致农户负担不起医疗费用。由于家庭经济困难,农户小病小痛时都很少求诊,只是使用本土山草药应付了事,只有当发展成大病时,才不得已找医生医治。当地的医生和农户已经习惯了使用吊针这种误以为见效快、但费用不低而又对身体免疫系统有相当破坏力的方法。1997~1998年,全乡的婴幼儿死亡率极高,死亡基本上是肺炎、腹泻及注射感染引致。

羊坪乡除政府和学校建有厕所外,全乡农户均无厕所。大部分家庭仍人畜共居在一屋檐下,卫生环境令人担忧。良好的个人卫生习惯,如洗脸、刷牙、洗手、洗衣服等更是乏善可陈。农户都是使用山泉水,虽建有人畜饮水设施,但农户包括儿童仍有喝生水的习惯,水源的卫生和安全未能得到保障。

5. 生态环境状况

羊坪乡的彝族原是游牧民族,定居下来只有几十年的历史,其农业生产方式长期停留在原始落后的刀耕火种和轮耕的耕作方式上,由于长年的砍伐,社区周围的森林逐年减少,生态环境被破坏,水土流失十分严重。1997年,全乡的森林覆盖率为22.3%。

6. 妇女发展状况

项目开展前的查访发现羊坪乡的妇女承担了家庭的大部分家务和田间劳作(表2—1)。妇女在家庭和社会中支配资源的权力很少,鲜有机会主动表达她们自己的意见,其需要也常常被漠视。羊坪乡很多女童在成长到能承担家务的年龄就辍学回家了,妇女受教育的程度很低,妇女文盲率达到90%以上,平均受教育程度低于2年。由于妇女和男性对生育生殖健康知识的缺乏,有近80%的妇女患有各种妇科疾病。其中绝大部分的妇女由于害羞和医疗服务资源不足,长期忍受着疾病的困扰和折磨,羊坪乡的妇女一般在45岁左右就丧失了劳动能力。此外,羊坪乡的彝族妇女还承担着要生育男孩作为以后家庭中"当家"的责任。

表2—1 羊坪乡彝族妇女每天生活内容

时间	主要事务
6:30-7:00	起床、洗脸
7:00-9:00	做早饭、喂猪
9:00-19:00	田间劳作(午饭有时回家吃,有时在田间吃)
19:00-23:00	做晚饭、喂猪
23:00	睡觉

资料来源:世界宣明会—中国办事处永胜项目办公室项目设计工作报告。

7. 社会文化缩影

1997年宣明会曾下乡向农户作调查,辅以一些图表工具,向妇女收集数据。下面是两个妇女的工作日程表,可以显示当地农村社

会生活的缩影:

挖水　刨苞谷、谷子、豆子

吃早饭　割草　薅草　找猪草　　吃午饭　割草　薅草　找猪草　　吃晚饭　喂猪　看电视

图 2—2　杨家村妇女工作日程表

资料来源:世界宣明会—中国办事处永胜项目办公室项目设计工作报告。

早点　田地农活　找猪草　　午餐　休息　　割草　　找猪草　吃晚饭　挖水

图 2—3　梓里街上村妇女工作日程表

资料来源:世界宣明会—中国办事处永胜项目办公室项目设计工作报告。

世界宣明会访问中一个重要的访谈问题是:"什么是近年村里最急需解决的问题?"这一问题的答案可以让我们知道村民对影响村子发展的各种制约因素的了解程度。

表 2—2 荣华村民提供的农事日历分析

月份	农事
1~2月	预备工作,积肥,砍柴,修建房屋
3月	用地膜在山地种沱洋芋、苞谷
4月	种植小秧
5~6月	收种麦子、豆类（大白豆、蚕豆、豌豆）、苞谷等
7月	积肥,种萝卜、圆根
8月	收洋芋,收地膜苞谷
9月	收苞谷,种麦子,收稻谷
10月	收豆类
11~12月	农闲时期。砍柴,积肥,办婚事等。部分男人外出打工。

资料来源:世界宣明会—中国办事处永胜项目办公室项目设计工作报告。

以下是一些村民觉得最重要的问题节录:

表 2—3 村民的回答总结

永安乡子家村	维修公路,架电网到农户,修建小学,贷款以发展养殖、种植,修建防洪大沟,改善人畜饮水,修拱桥,建沼气池。
培元乡上荣华村	修电网,修路,供水,修沼气池,引进优质猪牛羊品种、经济作物优良品种,建小学,补助中学生、大专生,防洪水坝,建医疗站。
永东乡白衣菁村	公路维修,两天不通(在鱼叉沟那里),要改善交通、技术,再开采铜矿。

资料来源:世界宣明会—中国办事处永胜项目办公室项目设计工作报告。

因为宣明会是以儿童为福祉作为工作中心,所以在下乡访谈时,曾特意找一些儿童作为访问对象。以下是大安乡上坪村几个儿童的回应:

表 2—4　儿童访谈内容

> 熊鑫慧、熊鑫丽姊妹最大希望是可以继续读书,熊鑫慧说:"我们班上有9个学生,我家困难。"(她母亲已过世,由父亲一人独力养育二个女儿和赡养奶奶。)熊鑫丽也说:"想读书,现在读三年级,以后我还想读大学,可是爸爸、奶奶能不能让我上也不知道。"
> 另一个孩子说:"我家离中心校路途遥远,由于年龄太小,不能去大安就读。衷心希望本村有学校。"
> 还有孩子说:"我以后希望读大学,就是父母没有能力。"

资料来源:世界宣明会—中国办事处永胜项目办公室项目设计工作报告。

妇女也是本次访谈的对象。下面是几个妇女的意见:

表 2—5　妇女访谈内容

> "如果有好的农作物,像是洋芋、荞子换种就好了,既高产又价格好,相对生活水平就会提高。日本萝卜也可培植,绿肥也可。"
> "希望学校的教学设施可以改善,也要增加老师配置。"
> "我家中有5口人,年老者60岁;生下的第一个孩子患有小儿麻痹症,不能自食其力。"

资料来源:世界宣明会—中国办事处永胜项目办公室项目设计工作报告。

第三节　永胜县贫困成因分析

综合分析了大量当年的文件后,本书发现了制约永胜县发展的诸多因素。作者根据施特劳斯的编码方法，先通过开放式编码把明显的贫困因素列出来之后，再以主轴式编码把某些有因果关系的主因找出来，罗列如下。

一、地形地貌的制约

永胜位于中国西南边陲，群山环抱，除了少量坝区是利于耕作的肥沃平地外，大部分地区山势连绵，山地坡度限制了农业的发展。高山深谷也对交通造成很大阻碍，修筑公路成本极高。公路建成以后，每年的维修保养也花费不菲。运输成本高，时间长，交通不便。还未通路的山区村落，主要交通运输还是靠"人背马驮"，造成地方经济发展的高成本、低效益。

二、气候的制约

气候方面，冬春干旱，夏秋多雨，加上地形复杂，山地坡度较大，自然灾害诱因较多，容易引起如山体滑坡、泥石流等灾害。这些灾害危及山区人群的生命财产安全。村民要额外集资修造储水池、防洪沟、拱桥等，更提高了山区道路交通系统维护保养的成本。

此外，由于永胜气候垂直变化明显，河谷酷热，高山严寒，都不适宜人类居住发展，只有中部断陷盆地，即称为坝子的地区，土层深厚肥沃，光热条件俱佳，适宜垦殖，是永胜县粮食及经济作物的生产基地。其余大部分位于高中山区的乡村，如羊坪等，由于海拔高，气候寒冷，热量不足，只能种植一年一熟的旱杂粮。每年都发生的霜冻灾害使得当年近半时间都缺乏青饲料，畜牧业发展困难。

三、生态环境受破坏严重

村民的回答见证了当地多年以来生态环境遭受破坏的过程,农地的过度开发、砍伐薪材的需求、引致森林面积不断减少,暴雨山洪等自然灾害更加频繁。有村民说"水土流失严重,急需治理"。当地村民(特别是妇女)每天都要花大量时间,到越来越远的山头砍集薪材。清洁水源越来越难找到,不但人畜饮用水问题严重,卫生健康也大受影响。

四、卫生医疗服务不足

根据世界宣明会的项目调查资料,山区的医疗卫生服务严重缺乏,乡村卫生站数目少,设备不全。村医、接生员以及免疫工作人员的行医水平不高,影响社区人群的治疗。医疗成本较高,往往令病患的整个家庭都陷入经济困境之中。医疗服务的不足,直接影响了社区人群的健康和儿童的成长。

五、人力资源素质低下

长期以来,地方政府财政短缺,造成永胜县教育经费投入严重不足,县内人口接受文化教育的水平较低,文化素质低,对经济发展不利,经济落后又影响教育发展,从而造成恶性循环。学校偏远简陋,交通不便,上学不便。加之教育长期以来不被重视,读书无用的观念在社区盛行,社区家庭一般都不让孩子上学。

根据人口普查数据,永胜县大学生比例仅为 0.87%,而文盲人口比率达 15.7%,妇女文盲率更高,达 23.2%[114]。教师的资质也有待改善,全县教师有 3 667 人,其中,小学教师 2 330 人,学历合格率为95%,中学教师1 254人,学历合格率为96.5%。

第四节 参与式发展模式解决
永胜县贫困问题的意义

正如美国哈佛教授兰德斯(Landes)所提出的要素短缺论所论述的理论[115],表面来看,造成永胜县长期贫困、欠发展的原因是其自然条件的恶劣:偏远的高山峡谷形成的地理因素起了决定性作用。然而,事实是否真的这样简单?

在讨论中国转型期的贫困问题时,王大超指出了要素短缺论的不足,要素短缺论推理出来的结论无可避免地将是处于恶劣自然环境的国家和地区永远逃不开贫困落后的命运,当地人也不能靠自身努力给自己的命运带来任何改变。但是,怎样解释有些同样处于恶劣环境中的地区却能发展起来的现象? 要素的短缺难道不能被其他要素所补偿[116]?

永胜10年前是贫困山区,但历史上却也有过其辉煌发展的纪录:"远在新石器时代,永胜这块古老的土地上就有人类繁衍,出现了农耕文化的新纪元。西汉元鼎六年,这里就已设立郡县,成为文明之邦。元代开始在金沙江淘金。明代展现出澜沧卫棋城的辉煌。清朝就有蔗糖生产和陶瓷业。洞察历史,永胜又是南'古丝绸之路'的交通要塞和茶马古道[117]。"自古以来,永胜也有过骄人的发展,绝非如要素短缺论所言的欠缺发展要素。

随着以人为本发展理念的延伸,UNDP在2000年提出了"人类贫穷"(Human Poverty)的概念,说明贫穷不仅仅是一般观念上的收入低下,而是对人类基本权利或是能力的剥夺。UNDP 还构建了人类贫穷指数,指出人类贫穷包括了收入贫困、权利贫困、人力贫困与知识贫困 4 个方面[118]。胡鞍纲等认为,对于我国人类贫困程度最高的西部地区而言,应该把消除人类贫困作为最核心的根本性任务,而消除贫困工作的优先次序应当是知识贫困、权利贫困、人力贫困以致收入贫困[119]。

所以,如果我们以这个观念来看永胜贫困的成因就会发现,其贫困不仅仅是地理气候制约、地处偏远山区等因素造成的,人力资源缺乏、教育落后以及由此引起的恶性循环也是导致永胜长期落后、缺乏发展动力的原因。

要针对人类贫困问题,或者说要促进人类发展,参与式发展方法是目前国际公认的最好做法。因为参与的目标不单是要求经济收入的增加,更是为了赋予贫困者权利,着重增加人力资本,增进知识普及以促进教育发展。

在讨论中国在转型期的贫困问题时,王大超也指出了参与机制与其他扶贫机制协同作用的重要性:

"传统的反贫困战略一般都是在政府干预下进行的……,长期的救济是不利于贫困者积极性、主动性的调动和发挥的。在治理结构上,由于缺少专门的信息传递渠道,政府部门难以准确地把握贫困者的实际贫困情况,如贫困发生率、贫困缺口、综合贫困指数等,致使扶贫过程中,难以发挥瞄准机制的作用,进而严重影响了扶贫的预期效率。当反贫困治理结构的参与机制健全完善,并与其他机制相互作用时,上下结合原则和以穷人为中心的原则,便可得到有效贯彻"。"所谓上下结合,就是在政府机构的干预下,让受益的贫困者最大限度地参与到贫困地区的开发中来[116]。"

在分析了永胜县的地理、经济及文化历史之后，我们发现了不少不利于发展的制约因素，包括该地处于偏僻的山区、恶劣的自然地理环境等。然而其中最为关键的，是永胜社区中严重的"人类贫困"，这其实与众多落后的地区及国家情况相似。而参与式扶贫发展工作方法正是针对这种情况而发挥作用，国际间的扶贫经验也被证实是最能收到成效的工作方式。故此，世界宣明会的发展项目对永胜贫穷落后的困境是绝对适用，也是非常有针对性的。

第三章 推行参与式发展的非政府组织——世界宣明会

第一节 世界宣明会简介

世界宣明会是目前国际间最具规模的扶贫机构之一,它是如何建立的?其资源从何而来?扶贫工作理念是怎样的?又如何在数十年间发展为全球首屈一指的扶贫组织?对于世界宣明会的详细介绍非常有助于读者了解研究案例。

为了让读者更客观地了解世界宣明会的背景、立场、信念及其参与式发展工作的理念,本书尽量避免做主观描述,而是引用其他学者的研究文献和机构资料,从多角度介绍世界宣明会。这些学者很多都是长期进行NGO研究的。例如,国际经济合作组织曾于1992年开始,由加拿大国际开发署资助,进行了一个名为"利益相关者"(Stakeholders)的研究项目,对国际间政府及非政府组织的关系进行研究。1999年研究报告发表,其中第二章论及国际间一些"超级NGO"的兴起时,当时的总编辑史米利(Ian Smillie)对世界宣明做了如下介绍:

"世界宣明会在筹募善款方面,已成为世界最大的国际NGO,在过去的40多年里,它在20个国家民间筹得的善款数字屡创新高。

目前,它在美国、加拿大、澳大利亚及新西兰的善款收入远超过其他机构,在英国、荷兰、日本等地也占有重要的位置。它在南半球也开展了一系列筹募活动,在中国台湾、中国香港、韩国、南非及新加坡等国家和地区都能筹集大量慈善资金。1996年,世界宣明会筹募的总收入是4.19亿美元。然而,单从其综合账目中还不能全面反映该机构的筹款能力。1996年,宣明会在美国的总收入(包括现金及物资)为3.03亿美元,在澳大利亚是0.674亿美元,在加拿大是0.566亿美元。毫无疑问,世界宣明会在1998年将成为全球收入超过5亿美元的机构[120]。"

事实上,在史氏上述介绍之后的几年间,因为全球灾难频繁,贫困问题加剧,世界宣明会的工作及慈善收入更以超乎意料的速度增长(表3—1)。

表3—1　1998~2008年世界宣明会全球收入增长情况(亿美元)

年份	全球收入
1998	6.65
1999	7.74
2000	8.86
2001	9.64
2002	10.03
2003	12.50
2004	15.50
2005	19.50
2006	21.00
2007	22.20
2008	25.70

资料来源:世界宣明会相关年份年度报告。

2008年,该组织在全球的年收入达到25.7亿美元,在98个国家和地区开展救灾扶贫工作,有全职雇员4万人,直接救助儿童360万人,全球项目总受惠人数达1亿人[①]。可见当年史氏称之为"世界最大及最具影响力的国际NGO",实不为过。

一、世界宣明会的缘起

像众多机构一样,世界宣明会一开始只是个微不足道的慈善团体。史米利在其报告中指出,众多近代的NGO都是起源于20世纪初期残酷的战争:"今天的NGO运动,正如1860年红十字会的起源一样,是从战争中开始的。救助儿童会(Save the Children)始于1920年,国际计划(Plan International)始自西班牙内战(1936~1939年),乐施会(Oxfam)及CARE(Cooperative for American Remittances to Europe)始自第二次世界大战,世界宣明会则于朝鲜战争(1950~1953年)中成立[120]。"

世界宣明会正式成立于1950年,当时是为了回应朝鲜战争中孤儿的需要。然而,在正式成立之前,世界宣明会的创办人其实是在中国最先开展救助儿童善举的。原中国民政部副部长阎明复有这样的记述:"宣明会同中国的关系源远流长。1947年宣明会的创办人柏皮尔(Bob Pierce)访问中国,在厦门街上碰到一个无助的小女孩白玉,当时他掏出身上仅有的5美元,作为白玉衣食的费用,并承诺以后按月寄5美元资助她成长的需要。这样,对贫困儿童充满爱心的宣明会于1947年在中国诞生了[121]。"

根据史米利的观察,"国际NGO运动的根源,来自基督教对陌

---

① 世界宣明会驻中国机构2008年年度报告。

路人的伸出援手[120]"。像初期的红十字会一样,世界宣明会创办人柏皮尔是位虔诚的基督徒,所以早期世界宣明会的捐助者也主要来自美国教会。然而,很快地,帮助这些战火中儿童善举的消息传开来,捐款开始从欧洲、加拿大及澳大利亚涌至,非教徒的捐助也日益增加。宣明会也在不知不觉间开始了国际及大众化的旅程。

二、世界宣明会的蜕变

每个优秀机构的创办人都是充满热忱、具个人魅力的领袖。他们富拓荒者的热情,有能力应不同环境的需要而做出即时的决定。然而,一个机构要跨越时空限制,必须超越个人,建立健全的制度,以替代人治的种种不完善。同样,世界宣明会也经历了这样一个痛苦但也无法避免的蜕变过程。

世界宣明会的第一个重要发展是人事变动。

1996年,柏皮尔博士因不满世界宣明会董事会从制度角度对领导个人的权力限制,意见不合,愤而离开,世界宣明会亦由个人魅力领导转而进入一个新的历程[122]。世界宣明会之所以能够成功转型,由一个有强烈个性、具个人魅力领袖所主导的慈善团体,脱胎换骨转变成一个庞大的国际性组织,其中起关键作用的人物是岩士唐(Ted Engstrom)博士。

岩士唐1963年在柏皮尔的邀请下加入世界宣明会成为副总裁。此前,岩博士在出版企业桑德凡(Zondervan)工作多年,共出版50多本机构管理方面的畅销书,其卓越的领导能力,早已享有盛名。他把工商界的管理原则引入非政府组织,这在当时是一个创新之举。加入世界宣明会后,岩士唐成功地把机构从当时岌岌可危的经济状况中稳定下来,行政事务也渐渐由紊乱回到正轨。当柏皮尔辞职后,董事局邀请岩氏出任总裁,却被他拒绝了,原因在于岩不希望卷进柏皮尔愤然离职的事非之中。后来岩博士推荐斯坦尼·穆尼汉(Stanley Mooneyham)博士作世界宣明会第二任总裁,他自己仍留任副总裁,致力于会务的充实、拓展,令世界宣明会的管理制度在当时非政府组织中最具信誉。直到1982年,斯坦尼·穆尼汉博士退休之后,岩博士才终于同意成为国际宣明会第三任总裁。他在1984年退居幕后,断续以荣休总裁的身份服务宣明会,直到2006身故为止[123]。

世界宣明会的第二个重要发展是其国际化的制度改革。初期的世界宣明会是个不折不扣的美国组织,由美国总裁领导,资金由美国筹集,董事局成员全部是美国人。然而,随着其声誉不断扩大,其他国家不少人受其崇高使命的感染,也开始成立分会,并在民间募集捐款。早期的国家分会有加拿大、澳大利亚及新西兰等。随着世界宣明会扶贫救援工作的不断开展,发展中国家的分会也纷纷成立。

20世纪70年代后期,具前瞻性的领导层意识到世界宣明会作为一个国际机构的重要性,也深信只有让所有国家(地区)的分会会员都有平等的发言权和决策权,才能公平地回应各分会的需求。经过数年筹备,世界宣明会60个国家(地区)的分会负责人终于在1978年签订了该机构的国际化宣言(Declaration of Internationalization),之后的国际世界宣明会(World Vision International)不再是一个美国机构,而是一个世界性的伙伴机构(International Partnership),任何国籍的会员代表皆可能成为总裁,而董事局成员更规定必须由多个国家(地区),包括受助国家(地区)的代表出任。机构的最高决策机制是每3年1次的议会(Council),由全球各国(地区)的代表组成。美国代表的权力由绝对控制机构变为与其他会员一样。之后每个国家,不论贫富,只要其人力资源和社会环境许可,都可以募集资金。维系整个机构的是各分会共同承诺的使命宣言、核心信念和伙伴公约。这个称为"伙伴机构"(Partnership)的新组织,以联邦制度(Federal Principle)的原则运作,世界宣明会国际总部(World Vision International Head Office)仍设于美国,其总裁由国际董事会任命,为机构的代表发言人,但他没有支配资金运用的权力。世界宣明会全球资源分配的决定是由各国(地区)分会的代表以共同采纳的机制制订年度预算做出,基本上以捐助者意愿为主要指引。总部制订发展工作守则后,由洲际的区域总部负责监察各国职员,保证其符合共同行事标准。至于各国(地区)的具体工作决策,则由该国职员提出,再通过与资助办事处的沟通而议定。每个国家(地区)的分会都要成立自己的董事局,负责本国慈善工作的管理,并选派代表出任国际宣明会的董事局成员。

世界宣明会国际化的关键作用在其采纳了一种公平的权力分配制度,全球各国(地区)的分会,不论贫富,都可以提出意见、质询并参与决策。会务决策不再由少数富有大国支配。这样一来,各国(地区)的发展潜力被释放了,各分会的事务不断拓展,更多的有志之士纷纷加入世界宣明会的行列,促使机构的增长进入另一个新的高峰期。

这个国际化组织的制度改革在当时可以说是划时代的,在 NGO 中并没有其他先例。就是到了今天,许多国际性非政府组织,仍然在各国(地区)分会的纷争中挣扎。世界宣明会的成功与踏出这步国际化步伐是分不开的[124]。

由表 3—2 可以看到[125],世界宣明会壮大于 20 世纪 70~80 年代,大规模发展在 90 年代;90 年代末,年预算已达 5 亿美元。2000 年后,世界宣明会得到更大发展,已迅速成长为世界最大的非政府组织之一。

表3—2 1959～1999年世界宣明会的发展

年份	1959	1969	1979	1989	1995	1999
设有宣明会办事处的国家(地区)	3	9	40	55	74	90
项目数(个)	165	386	1 932	5 509	5 049	2 917
受惠儿童人数(人)	13 215	32 600	214 525	833 583	1 082 952	1 531 743
年经费预算（百万美元、现金)	2.7	5.1	38.1	135.6	269	586.6

资料来源：世界宣明会相应年份年度报告。

世界宣明会另一个重要的方向性决策是它对基督徒使命的再次厘定。众所周知，世界宣明会是一个多由基督徒组成的机构，其创办人、董事局以及绝大部分管理层都是虔诚的基督徒。机构成立初期，其使命宣言就确定了其工作实质是帮助贫困人群自身的种种物质需要，有别于教会和其他传教组织。因此，世界宣明会也曾经被传统基督教会中人批评为"社会福音"。对某些看重传教的基督教会而言，世界宣明会的工作似乎只着重了人类自身的需要，却缺少了宣讲、传教以拯救丧失的灵魂。针对这些言论，世界宣明会内部经过深入讨论后，最终达成共识，再次表明其工作与基督教信仰的关系："世界宣明会清楚机构使命是集中于应对贫困者及灾难中灾民的肉体及人道需要。机构通过基督徒生命的立场及见证回应人们的灵性需要[124]。"

换句话说，宣明会清楚地表明，作为一个机构，其工作重点并不是传道，而是服务于贫穷人及灾难中的灾民。其对基督徒使命的理解，是通过爱心舍己的服务，见证基督的大爱。虽然这一立场的坚持曾受到美国某些教会的非议,但后来却得到越来越多基督徒的支持,有捐款不断上升的事实为证。

在机构的"基督徒见证政策"中,世界宣明会对"传教"一事做出清楚的政策指引及界定:"世界宣明会不会进行传教行动,亦不会与其他只顾传教的机构合作。传教是指带有条件的提供服务,要求受助者必须听从某信息或做出响应,又或要求受助者离开某些信仰而参加另外的信仰群体[126]。"

世界宣明会的基督徒工作人员都认同这一立场,以服务穷苦大众为己任。因为这个明确的立场,世界宣明会得到很多并不欢迎传教活动的国家的认可。机构在当地开设分会,因其活动并没有抵触这些国家的宗教政策,常得到当地官员的尊重及认同。中国民政部阎明复部长在多年与世界宣明会合作过程中给予其这样的评价:"在内地参加救灾和从事扶贫项目的宣明会同仁大多数是虔诚的基督徒,他们以自己的行动体现了耶稣基督舍己救人的精神。同时,他们严格遵守宣明会的纪律,不谈政治,不传教,男女平等。我想,面对宣明会同仁们的献身精神,实干作风,我们在中国从事慈善工作的同志们的确应该深思[121]。"

对本地员工的信任和培训是世界宣明会成功的另一个因素。赫斯藤斯(Hestenes)在追述世界宣明会历史文件中这样描述该机构对发展中国家雇员的政策:"早期宣明会区域总部及国家(地区)分会的领导层主要来自资助办事处(即西方富有国家分会)。慢慢地,很多项目所在地的发展中国家的雇员可以接手工作了。在这些国家(地区),当地人员的教育水平较低,世界宣明会就为他们寻求再教育的渠道,资助他们成才。若不是这样重视本地人员的培养,很多当地人便没有可能在世界宣明会提升到领导的位置[124]。"

世界宣明会相信当地的雇员最了解一个国家（地区）的文化历史背景，也最能就其政治社会环境做出合宜的决策。所以，重用及培养本地雇员、管理层本土化，一直是世界宣明会工作的策略，也是世界宣明会取得成功的又一个重要因素。

三、世界宣明会的核心信念

维系着全球近百个世界宣明会分会的不是紧密的架构或从属关系，而是所有成员共同拥有的核心信念。每个宣明会的员工都承诺并努力去维持这6个核心价值，把其融入机构文化之中，并赖之以做出决策及作为行动指引[127]。

（一）我们效法耶稣基督的榜样（We are Christian）

在世界宣明会的政策文件中，我们可以看到其之所以开宗明义地将效法耶稣作为机构的核心信念，是因为"我们被召唤去事奉有需要的人，是源于上帝丰盛而满溢的爱心"。

"我们的愿望是跟随耶稣的榜样——学效他对贫穷人、对被压制者、被边缘化的弱者的认同和对儿童特别的关顾。"

"我们感受到基督的呼召，也看到基督生命的榜样去做出事奉；我们承诺以仆人的谦卑态度来充满我们的机构；也清楚当我们做出此承诺时，必须诚实地面对自己的傲慢、罪性与失败。"

"我们将清晰地表达我们乃基督徒的身份；而当我们这样做的时候，在世界不同的政治环境中要顾及其他人的感受。"

由此可见，世界宣明会坚持其基督教徒身份的同时，也非常了解该身份在不同的意识形态下的敏感性。宣明会工作人员对其信仰身份的坚持，不是自以为是的傲慢宣告，乃是诚实的明确立场。清楚表明其信仰立场的做法,并没有引起持其他信仰的民众不满。反之,在众多不同信仰的国家和地区,该会仍是最受信任的非政府组织。例如,在非洲不少的穆斯林国家,在亚洲的印尼、越南和柬埔寨等,在中国香港,宣明会大半的捐助者都不是基督徒,但因为对该会严谨的工作态度的认同,清楚其工作是扶贫而不涉及宗教活动,所以都乐于做出长期的支持。

(二)我们委身于贫穷人(We are committed to the poor)

世界宣明会与其他基督教机构最大之不同在其对本身使命的看法。这个核心使命指出,世界宣明会的终极目标是服务于贫穷人。服务的对象无分种族、国籍或信仰,也不附带任何条件。宣明会更严禁以受助者对信仰的回应作为提供服务的条件:"我们的召命是去服务地球上最有需要的人群,去免除他们的痛苦和让他们的生活状况得到发展。"

"我们争取让贫穷人与富足者建立接触及沟通,从而让两者都得到改变。"宣明会相信贫穷人不单单是接受救济的对象,他们是宣明会事务的积极参与者,捐助者从他们身上可以有所学习,在过程中彼此的生命都会得到升华。

(三)我们重视人的价值(We value people)

世界宣明会相信每个人都有其独特的价值;重视人的价值,高于金钱、体系或其他机构。宣明会的行为要尊重每一个人的尊严和独特性,不论是贫穷人、捐助者、本机构的雇员及其家人、董事和志愿者。总之,"以人为本",从最初到现在都是宣明会的核心信念,也是其决策依据。

（四）我们是仆人（We are stewards）

宣明会明白其所拥有和使用的资源都是受托的，"我们将忠心地运用好这些托付给我们的资源，让其对贫穷人带来最大的利益。"为此，宣明会对金钱的运用非常小心，总是克勤克俭、账目公开、诚实交代，加之专业的工作水平，取得越来越多捐助者的信任，进而成为全球最大的慈善机构。

（五）我们是伙伴（We are partners）

与他人合作，成为伙伴是宣明会的一贯工作方针。首先，全球近百个国家（地区）的分会成员必须彼此信任，积极沟通才能维系一个庞大、跨文化的国际机构。再者，宣明会相信"我们与贫穷人和捐助者是连系在一起的伙伴"，相信要有效地对抗贫穷，宣明会与当地政府和其他的社区组织都是伙伴。正因为这一核心信念，让宣明会中国展开的永胜项目从一开始便积极地与中国各级政府进行伙伴式的合作关系，本书的重要内容便是这一核心信念在中国落实的情况和经验。

（六）我们迅速回应（We are responsive）

自成立以来，世界宣明会常常要对突如其来的天灾、战乱做出回应："我们愿意承担风险，以求向灾难做出迅速的回应。我们基于过去的经验做此承诺，也意识到这样做可能引起的政治敏感性。"救灾如救火，要分秒必争。宣明会的救援工作队伍，在全球各地常常处在预备状态，以便在紧急时况下可以随时出动。例如，2004年12月的南亚海啸发生后不到24小时，宣明会已在南亚受灾最重的4个国家展开救灾工作。

以上的6个核心信念,宣明会各分会及其工作人员都耳熟能详,然而,宣明会深知:"价值观的建立不是写成规条,而是在日常生活中体现出来的。文件不能代替态度,我们处事、决策和行动必须能够反映这些核心信念。"

"所以,我们以个人和机构身份承诺,在我们的各方关系上、在我们的决策中都以这些核心信念为依归,让宣明会无论在何处进行服务,都能体现这些精神。"

在下面详细分析宣明会在云南永胜项目的实施过程中,将会看到上述6个核心信念是如何具体表现在与永胜受助者和地方政府的伙伴关系之中的。

第二节 世界宣明会发展项目管理

维基网百科全书对世界宣明会的组织架构有以下介绍:"宣明会的架构是以伙伴组织的形式运作的。这种伙伴关系是由各自独立的宣明会分会所组成,每国(地区)的分会有自己的董事会负责监察。各分会由一个共同的使命及共享之核心价值维系在一起,服从一套共同的政策及运作标准,透过同层级分会间之相互审核彼此问责[128]。"

世界宣明会遍布全球的工作以每个国家(地区)的分会为行政单位,由该国的总干事负责当地事务的运作。在每个国家宣明会都委任当地有信誉的知名人士成立董事会,对当地工作进行监管。全球的各分会由世界宣明会统筹,世界宣明会总裁为该机构在全球的发言人，总裁下面设有区域副总裁，分别监管不同地区的分会事宜。由于每个国家（地区）有自己的文化、政治、社会制度，最了解当地情况并且可以及时做出合宜决定的，是该国家（地区）分会的总干事，所以宣明会授之以极大的决策权。而在其上的区域架构，基本上只负责下列几个功能：

① 监管分会运作，确保其达到宣明会的标准（特别是在财务监管方面）；

② 对各分会提供管理和技巧援助；

③ 向该地区代表明确世界宣明会立场。

除非出现特别重大的事故，区域副总裁一般不会介入国家（地区）分会事务。以中国办事处为例，属世界宣明会亚洲太平洋区域，中国总干事直接向泰籍的亚太区副总裁负责。宣明会在亚洲几乎所有的国家（地区）都有工作，所以亚太区副总裁辖下有22个不同的分会。鉴于每个国家（地区）皆有其独特的文化背景和政治制度，设立于泰国曼谷的区域总部不会指挥或影响各分会的日常运作，只是经常检视其工作质量，以确保项目皆有高效率及达到国际水平。世界宣明会对个别分会工作的最大影响是在其总干事的任免上。所以，宣明会中国办事处的运作方针和日常决策基本上是由该分会的总干事带领其工作团队所主导的。这个行政管理模式也与世界宣明会以人为本、信任地方、尽量实行本地化的原则相符合。

一、世界宣明会发展项目的增长

自本书作者接任总干事以来，在中国政府的接受及协调下，世界宣明会在中国的事务迅速增长（图3—1～3）。

随着工作的不断拓展，世界宣明会在中国的架构也在不断发展变化。目前,总干事之下设有一名总监,另外在国内分成 5 个地区,各有副总监管理当地日常事务,与地方政府建立工作关系。因中国事务的前身源自香港宣明会,中国办总部目前仍设于香港,另有区域办公室设于北京、西安、南宁和昆明。

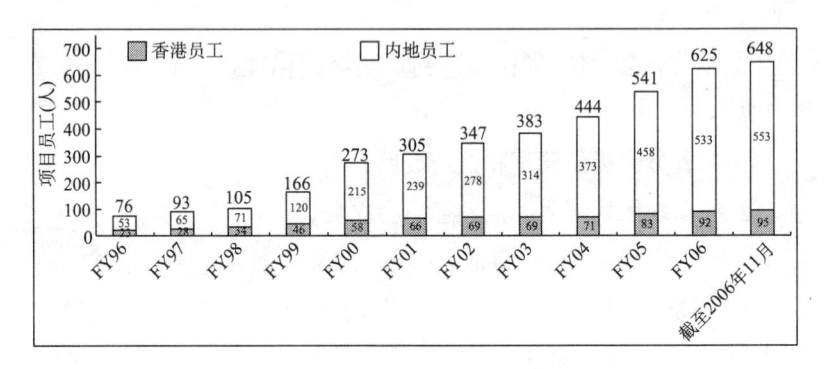

图 3—1　1996～2006 年世界宣明会项目员工增长情况

资料来源:世界宣明会中国办事处 2006 年年度报告。

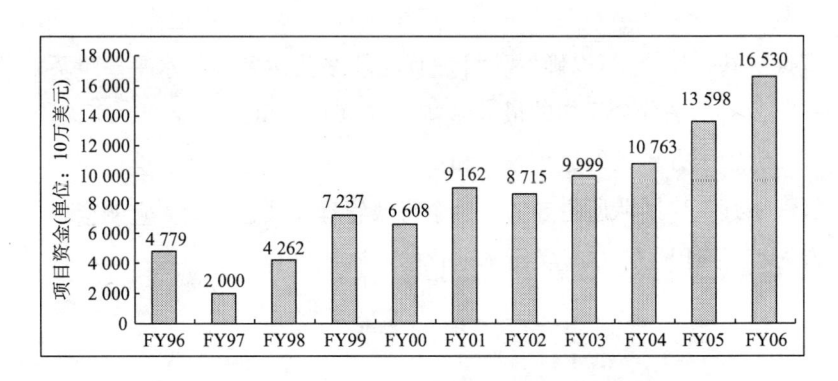

图 3—2　1996～2006 年世界宣明会项目资金增长情况

资料来源:世界宣明会中国办事处内部行政报告。

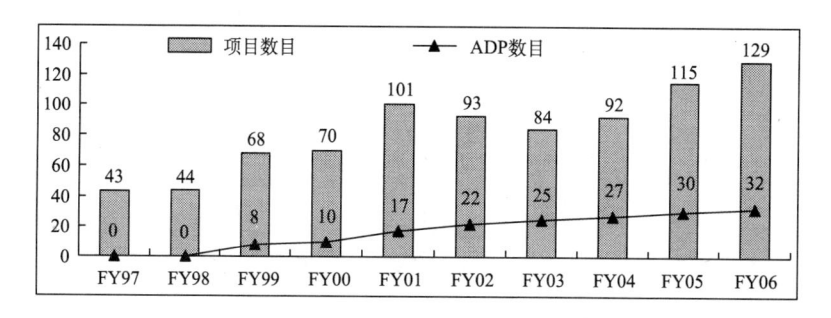

图 3—3　1997～2006 年世界宣明会项目增长情况

资料来源：世界宣明会中国办事处内部行政报告。

二、管理制度

中国办事处的管理制度包括以下几方面。

（一）派驻项目负责人

项目开始初期，在每一个项目点都会派驻来自海外和香港的项目官员，以后者居多，他们与地方政府建立合作关系，负责项目的管理和具体运作。这样做的原因主要是顺应捐助者的意愿，确保项目资金不会被挪用。一旦扶贫善款发生贪污、挪用等经济事件，将会严重打击捐款人的捐款意愿。到目前为止，还没有发生过派驻负责人贪污、挪用等事件。这样做虽然提高了运作成本，但对众多捐助者的调查表明，这种做法是捐助人所期望的。中国项目的主要捐助来自香港同胞，可能因港人对内地贪污渎职等负面报道时有听闻，所以，对宣明会派香港人驻点，港人感到比较有信心。

另外，派驻外来人员驻点，也是为了与地方政府接洽时的便利。正如一位地方政府官员在访谈中所述："由本地人负责项目也有问题。政府及当地人对外来的人更信任,回应更小心。"

(二) 积极培养本地员工

虽然项目启动时派驻港人,然而培养本地人员参与项目管理也是宣明会一直奉行的政策:一方面反映了宣明会对地方文化、地方智慧的尊重和重视,另一方面也为当地培育更多的发展人才提供新的途径。目前,宣明会中国办的队伍基本上以内地员工为骨干,很多在当地县城聘用的内地员工也逐渐升为项目主管,永胜项目就是一个典型例子。永胜扶贫发展项目第一个主管王超在开设办公室时在当地县城招聘了一批大专生公务员,其中有今天的项目主管魏建平。10年间,永胜项目实施了真正的本地化,大大增强了地方政府的信任,体现了宣明会以人为本的信念。一位地方官员对宣明会的本地化政策有这样的评语:"宣明会项目人员本地化后,对县里的情况熟多了!一开始的时候,项目官员因文化背景不同,不太了解本地情况,要花很多工夫进行沟通。"

(三) 坚持可持续发展

世界宣明会一直以来坚持可持续发展的原则,为此项目都会拟订长期计划。当开展一个大型项目时,宣明会也会同时为将来撤出后社区仍能可持续发展做好准备。首先,可持续发展需要社区和政府不对非政府组织产生依赖,培养建立一群本地社区的领导者,提升他们管理社会服务的能力。其次,建立一个可持续的项目管理体制。永胜农村社区协会的建立,正是世界宣明会从可持续发展角度出发做出的考虑。目前,一些项目的具体工作,正逐步转由协会负责。若干年后,当世界宣明会撤出永胜时,协会应该可以继续项目的管理和运作。

(四)下放决策权力

参与式发展强调社区人群参与项目决策,宣明会中国办也把项目日常运作的决定权赋予项目办的工作人员。每年由项目官员及其工作队伍拟定工作计划,只要符合工作原则,一般都会得到中国办的支持。这样做一方面是相信最接近现场的同事最了解当地的需要及情况,授权他们做出决策;另一方面也反映了机构对前线同事的信任,既节省了时间,也提高了工作效率。当然,在这一过程中也不能缺少适时的监察与问责,以确保项目质量。

以永胜县为例,永胜县政府与世界宣明会共同成立了一个二级"局"级别的项目办公室,有5个公务员编制,在各方面协调配合下,宣明会派驻的10多位项目工作人员与之共同开展工作。

第三节　世界宣明会的资源体系

世界宣明会的成功与其筹款能力和支持者网络有着不可分割的关系。2006年,宣明会在全球共筹募总值21亿美元的捐赠,其中80%来自私人捐款,捐款构成有别于很多其他国际非政府组织(IN-GO)。根据统计资料,美国非营利部门的资源中,31.3%来自政府资助,50.2%来自会费或服务收费,私人志愿捐款仅占总额的18.5%[74]。即众多INGO都是依靠政府的大笔拨款,而宣明会却拥有全球最大的私人支持者网络。这一优势令宣明会可以保持独立的运作方针,不会被任何政府的政策所左右。宣明会另外一个让捐助者放心的特点是每年所筹得的经费都会进入预算,尽快用在有需要的项目上,不会留下用作投资等目的。

一、全球各分会的筹募能力

2005年,世界宣明会在全球96个国家和地区运作,筹得捐助资源20万美元以上的共有39个国家,包括现金和物资两类。世界宣明会2005年全球19.73亿美元的捐助中,物资价值5.39亿美元,占27.3%。美国宣明会的筹款能力最高,2005年总值达9.05亿美元,占全球总数的45.8%;第二位是澳大利亚宣明会,总值2.73亿美元,占13.8%;第三位是加拿大宣明会,总值2.47亿美元,占12.5%;第四位是德国宣明会,总值0.92亿美元,占4.7%;第五位是英国宣明会,总值0.9亿美元,占4.6%;第六位是亚洲筹款最多的中国台湾展望会(中文译名虽非宣明会,但英文仍是 World Vision Taiwan),总值0.74亿美元,占3.8%;第六位是中国香港宣明会,总值0.75亿美元,占3.7%。其余的亚洲分会如韩国和日本等,皆有很多捐助。然而单看筹募总值,不能完全反映各分会的筹募能力和在当地的受信任程度。像美国等富裕国家,国民收入高,捐款历史和民间组织的历史很长,加上人口众多,自然占捐助的首位。但如果以各地的人均捐献为基数,有些人口较少国家(地区)分会的筹募能力是远远高于美国的。如果以该分会所在国家(地区)的人均捐募情况排名,筹款能力最高的是香港宣明会和新西兰宣明会。

二、资金使用原则

宣明会的资金运用有以下几个原则。

(一)严守筹款时的承诺,专款专用

筹款时,捐助人往往会指定捐款的用途,说明是为什么原因捐助的。没有指明捐款意愿,任由机构决定运用方向的情况几乎没有。宣明会尊重捐助人的意愿,也重视对大众的承诺,实行专款专用的原则。例如,为南亚海啸筹集的款项,不会用于其他国家的扶贫;为中国扶贫的捐款,不会用在中国以外的国家;赞助儿童的捐助,一定用于所在地区儿童的项目等等。

(二)尊重捐助者意愿

捐助者的意愿是宣明会工作的指引。把资源用到捐助人所关切的问题上是每个宣明会分会的工作原则。所以,不同国家宣明会的资金运用,会因其社会成员关注点不同而有明显的差异。例如,美国宣明会的资金,因其国民关注美洲和非洲的发展,很大一部分会用于拉丁美洲和非洲;澳大利亚国民对其邻近的太平洋地区特别关注;而中国香港宣明会则对内地的贫困需要响应最多。

2005年财政年度,宣明会用于内地(不含港、澳、台)的总项目支出(不含行政费用)为1.115亿元人民币,其来源如表3—3。

表3—3 2005年宣明会在中国扶贫项目的资金来源(%)

项目资金来源	比例
中国香港宣明会	63.7
加拿大宣明会	8.5
澳大利亚宣明会	8.2
美国宣明会	7.9

续表

项目资金来源	比例
世界宣明会中国办事处	3.8
马来西亚宣明会	2.6
日本宣明会	1.8
新加坡宣明会	1.8
中国台湾展望会	1.4

资料来源:世界宣明会中国办事处2005年年度报告。

由表3—3可见,项目资金主要来自香港宣明会。其实,从历史数据分析可以更加清楚香港宣明会对中国事务的重要性。表3—4是1988年开始中国有长期发展项目以来,不同国家和地区宣明会筹款金额的统计,从中可得出下列结论:

① 在中国项目开始时,香港宣明会提供了全部资金;

② 由始至今,香港宣明会都是中国项目的最大支持者;

③ 除中国香港宣明会以外,其他主要的资金来源是加拿大宣明会、澳大利亚宣明会和美国宣明会;

④ 亚洲国家宣明会对中国捐赠所占的比重逐渐增加。

表中来自香港宣明会资金所占的比例之所以有逐渐下降的趋势,并不表示香港同胞对宣明会内地工作开始冷漠(在绝对数上,港人对内地项目的捐款是每年都增加的),而是国际宣明会希望鼓励全球越来越多国家(地区)的宣明会分会支持中国的事务,这些全球捐款渐渐取代了港人捐助的部分资金。投向中国的全球捐赠主要来自有众多华人聚居的国家,特别是香港移民较为集中的加拿大、澳大利亚和美国。移民外地的香港人,把通过宣明会捐助中国扶贫的习惯带到他们的新居所。此外,中国台湾和华侨较多的亚洲国家如新加坡、马来西亚、泰国等也开始成为经常支持中国扶贫发展的资金来源地。

表3—4　1989～2004年世界宣明会中国项目的资金来源(%)

宣明会年份	中国香港	加拿大	澳大利亚	美国	中国台湾	日本	马来西亚	新加坡	新西兰	韩国	泰国
1989	100.00	—	—	—	—	—	—	—	—	—	—
1990	87.38	—	12.62	—	—	—	—	—	—	—	—
1991	80.40	0.97	6.98	4.85	6.18	—	—	—	—	—	—
1992	88.95	0.56	3.90	2.79	3.45	—	—	—	—	—	—
1993	81.18	—	18.82	—	—	—	—	—	—	—	—
1994	59.38	2.48	15.28	—	22.04	—	—	0.62	0.19	—	—
1995	57.50	4.39	5.66	—	24.91	3.76	—	2.50	0.54	0.75	—
1996	71.70	3.72	1.15	—	16.41	0.94	—	2.12	0.85	0.71	—
1997	69.68	3.77	4.85	2.36	16.41	1.06	—	2.25	0.64	—	—
1998	80.16	4.12	2.58	0.41	6.28	0.55	2.35	2.33	0.47	0.17	—
1999	78.10	5.65	2.53	3.63	3.60	1.27	1.05	0.89	—	—	—
2000	70.89	5.55	5.55	6.00	4.10	3.08	2.06	1.27	0.08	—	—
2001	74.10	5.07	4.29	7.48	2.43	2.66	1.91	1.38	—	0.37	—
2002	67.52	7.51	4.51	11.00	2.12	1.80	2.62	2.19	—	—	—
2003	72.52	6.32	3.96	7.61	2.84	1.88	1.56	2.01	—	—	—
2004	65.96	8.37	5.83	8.22	0.93	2.82	1.78	2.20	—	—	0.07

资料来源:世界宣明会中国办事处相应年份年度报告。

三、香港宣明会筹款能力分析

香港宣明会2005年共筹得5.78亿港元,其中90.9%来自市民捐助,2.1%是香港特别行政区政府委托宣明会用做对其他国家(包括内地)的紧急救援。由于当年发生南亚海啸,有 0.37 亿港元来自其他国际救援组织的捐款通过香港宣明会用于南亚分会的救灾重建项目。因为南亚海啸,2005 年香港宣明会的收入及支出情况比其他年度都高,该年度总收入的 5.78 亿港元中,有 2.15 亿是与南亚海啸的救援有关。

2005 年,香港宣明会的捐款中,用于内地项目的占 16%,比过去几年都低。主要是因为大量海啸捐款都被指定用于南亚 4 个受灾国家,该年度只有 23% 的捐款用于内地项目。如前文所述,按人均捐款计算,香港是最高的,也说明香港宣明会的筹款能力相对于其他分会来说是最强的。而香港宣明会对其成本的控制,也是全球宣明会中做得最好的。2005 年的筹款成本和行政成本分别只占总收入的 2.7% 和 1.7%,共 4.4%,就算剔除了南亚海啸的非经常性收入,仍然只占 6.5%,这样低的营运成本在 NGO 中是比较少见的(一般在香港进行筹款的 NGO,筹款和行政成本约占 15%~20%)。表 3—5 是香港宣明会在过去 10 多年间筹款收入的增长情况。

表 3—5　1997~2008 年香港宣明会筹款收入增长情况

年份	筹款收入(百万港元)	增长率(%)
1997	90	−2.2
1998	160	77.8
1999	122	−23.8
2000	158	29.5
2001	184	16.5
2002	212	15.2
2003	240	13.2

续表

年份	筹款收入(百万港元)	增长率(%)
2004	326	35.8
2005	578	77.3
2006	496	-14.1
2007	520	4.84
2008	903	73.6

资料来源：香港宣明会相应年份年度报告。

一个国家或地区的筹款能力，很大程度上受到当地经济和各种社会因素影响。本书尝试通过香港宣明会与香港其他大型慈善团体同期筹款表现的对比，更深入地分析香港宣明会的筹款能力(表3—6)。

表3—6　1999~2009年香港宣明会与其他主要非政府组织收入比较(港元)

年度	香港公益金	香港宣明会	香港乐施会
1999/2000	247 931 370	158 000 000	
2000/2001	230 865 393	184 000 000	
2001/2002	200 030 819	212 000 000	
2002/2003	193 451 205	240 000 000	121 500 000
2003/2004	230 617 887	326 000 000	137 792 000
2004/2005	224 012 524	578 000 000	127 841 000
2005/2006	268 760 194	496 000 000	156 675 000
2006/2007	295 649 133	519 600 000	177 715 000
2007/2008	299 634 304	903 343 000	223 823 000
2008/2009	106 174 660	637 500 000	344 138 000
2009/2010	408 567 012	786 500 000	

资料来源：三家机构网站上载之年报。

表3—6显示,多年以来,一直居于筹款榜首的香港公益金,自2001年开始已被香港宣明会超越,目前收入仅及香港宣明会的一半左右;而工作性质与香港宣明会较为相似的香港乐施会,筹款总额只有少量增长。香港宣明会具有较强的筹款能力,是与世界宣明会从1950年开创后演变为世界前列的扶贫发展机构息息相关的。

(一) 国际化架构和管理制度

目前,世界宣明会近100个国家(地区)分会之间互相扶持却互不从属的独特伙伴关系,有利于成员间互享工作经验;而其不断创新、力求进步的组织文化也推进工作质量的不断提高。同时,每个分会都有极大的自主权,没有任何国家(地区)的政府能命令或改变其工作方针。

(二) 对本地智慧和人才的重视

长期在全球不同地区工作的经验使宣明会尊重每个国家(地区)的文化,重视本土智慧,也重视培养当地员工,力求将扶贫工作本地化;同时,授予前线员工项目决策权,促进各国(地区)事务的持续发展,因而能在短短数十年间发展到近100个分会,遍布全球。

(三) 重视与政府建立合作关系

正如其核心价值所言,世界宣明会视当地政府和社区为发展工作的伙伴,力求建立彼此尊重、互相信任的合作关系。秉着不涉及政治、不非法传教的原则,宣明会能够成功地在全世界不同的政治环境下开展扶贫发展工作。

（四）稳定的民间捐款来源

长期在全球的扶贫工作为宣明会建立了广阔的支持网络，其主要筹款来源于民间捐助者，捐助者与受助儿童的资助关系以及对宣明会工作的认同和信任使其愿意长期支持宣明会的工作。另外，宣明会对成本的合理控制也受到捐助者的广泛认同，为彼此间的合作建立了坚实的信任基础。成功的筹款策略使宣明会可持续性的扶贫项目能有稳定的资金保障，可以制订长期的项目计划，即使在某些国家或地区的经济出现波动时，筹款所受的影响也较少。这一特殊的资金筹募渠道和筹募方式使其可以不受当地政府政治因素的左右，保持政治立场的中立。正如史密夫与力斯基曾经指出的，如果来自政府的资金成为非政府组织的重要收入来源，非政府组织便可能成为政府的傀儡，失去其自身的特征[129]。宣明会资金的民间性质确保了其独立性，也是宣明会受众多国家（地区）接受，可以在不同政治体系中开展工作的原因。

（五）充满热诚的工作团队

宣明会另外一重要资源是其庞大而优秀的工作团队。目前超过2.3万名来自不同国家（地区）的全职发展工作者都充满工作热诚，把扶贫、扶助贫困儿童及其家庭视为己任。他们都有多年的扶贫发展工作经验，拥有高学历却愿意牺牲物质享受机会，到最贫困落后的地方工作、居住，把"施比受更为有福"的信念实践在对贫苦大众的服务当中。对一个经常要离乡别井工作的艰苦行业而言，宣明会工作团队的稳定性相对较高，工作人员中有不少在宣明会工作数十年直到退休的。这对机构的文化延续、知识经验的传递起到了重要作用。

(六) 以参与式发展为工作模式

世界宣明会在全球多年的工作经验清楚地显示,扶贫项目的成功最重要的是坚持以人为本,对贫困社区人才的培养,远比金钱或硬件的投入更为重要。所以,宣明会全球发展项目都以参与式方法为设计蓝本,致力于建立社区的人力和社会资本,赋权于社区使其最终能自立,可以持续地发展下去是每个项目的最终目标。

宣明会在国际上的成功运作,正体现了非政府组织如何走向社会,进入市场[74]。宣明会在没有政府的支持下自我创造资源,从民间动员了大量资金在全球进行扶贫工作,更在社会中倡议互助精神,弘扬慈善。

第四章 世界宣明会在永胜农村社区参与式发展工作

第一节 世界宣明会与政府在发展项目上的合作

一、世界宣明会进入永胜的背景

(一) 世界宣明会进入中国

世界宣明会从其全球的救援工作经验中得出一个基本工作原则,即在任何一个国家与其政府建立工作关系,是至为重要的。这反映了宣明会对国家政权的尊重,对政治环境的适应。无论是在战乱中的弱势政府,还是在政局平稳的国家,良好政府关系的建立,都保证了机构的身份合法,从而使机构的工作得到当地政府的授权和允许。这对机构员工的安全、机构资产的保护都是至关重要的。此外,当地百姓的生活在很大程度上受到政策的影响,宣明会的工作只有与政府的工作配合才能收到明显的成效。从发展的角度来说,如果没有政府的政策支持,任何项目都很难达到长期的效果,达到可持续发展的目标。

世界宣明会是如何进入中国开展扶贫项目的？一个国际非政府组织是在什么样的历史背景下与中国偏远西部的贫困县建立联系的？世界宣明会与永胜县政府的合作关系是怎样开始的？这些背景的分析将加深读者对永胜扶贫项目的了解。

从机构建立开始，世界宣明会就与中国有着深厚渊源，但一直未能在中国全面开展项目。1980年代初，中国改革开放政策开始落实时，宣明会香港分会开始与中国政府沟通，寻求合作机会。1982年，青海省发生特大水灾，当时的香港宣明会通过中国红十字会，捐款164万元援助救灾[121]。其实，对于世界宣明会来说，很少有将资金委托其他机构进行救灾的做法，机构过去所有的救灾工作从筹款到派发救灾物资都是亲力亲为。其快速回应灾区需要的工作特点闻名于世。但是，由于当时中国刚刚对外开放，青海更是没有与国际沟通的经验，中国政府只接受捐助资金，不接受外来救援力量的直接参与。而且，这些资金必须通过中国红十字会进入灾区。宣明会适应中国当时的情况，以政府认可的形式，开始了与中国政府的首次合作，开创了双方深入合作的良好开端。

随着香港回归日期的确定，香港同胞对内地的关怀增加了，香港宣明会内几个关心内地贫困需求的员工组成了中国事工部，希望用筹募的资源回应内地的贫困需求。1988年，通过民政部的引荐，宣明会成功地与山东省某县政府达成协议，开始了第一个内地的扶贫项目。

此后，中国政府的改革开放政策不断落实，1993年，世界宣明会有鉴于中国的需要，正式把中国事务从香港宣明会分离出来，在香港注册了世界宣明会——中国办事处，负责中国事务，并开始招聘华人总干事及员工，又招募港澳华人社团领袖参加董事会，实行本地化政策。在数次波及多个省份的特大水灾中,宣明会在香港及全球发动了救灾筹款,与民政部在救灾工作上建立了紧密的合作关系。民政部等部门的相关官员,也应邀到美国和亚洲国家参观了世界宣明会的总部和分会,深入了解该机构运作情况,探访团中也包括了当时云南省民政厅官员。正是在这样的背景下,1996年2月3日,当丽江发生特大地震,造成了严重的人员伤亡和经济损失,宣明会能一如既往地快速派员到达灾区开展救灾工作。

(二) 世界宣明会进入永胜

早在1980年代,世界宣明会就通过各种形式的合作与中国政府建立了伙伴关系。1996年2月,丽江震后世界宣明会积极参与救灾工作。在救灾过程中,世界宣明会与云南省政府建立了良好合作关系,保证了救灾工作迅速顺利地开展,灾区需求得到多方的回应和支持。随后,宣明会来到永胜县。永胜县属于丽江地区中部,县城位于丽江市东南约150公里,但因山路崎岖,到县城要3个多小时车程。机构发现除了震后救灾工作急需展开,永胜的贫困需求更需要机构长期的工作来回应,当地政府也积极希望与外来机构开展扶贫合作。于是,宣明会决定与当地政府合作,以发展项目的形式共同应对当地的贫困问题。

事实上,世界宣明会是众多救援机构中唯一响应永胜贫困问题的组织,其原因如下:

① 作为国际救援组织,世界宣明会有丰富的救灾经验,同时也做好了深入灾区、回应贫困需求的准备。

② 世界宣明会有大量的资助渠道,资源优势明显,除在重灾区丽江投入资金进行救灾之外,还有足够的资源应对灾民的贫困问题。

而其他机构相对缺乏后续扶贫的资源。

③ 宣明会工作人员颇具无私的人道精神,有能力面对挑战,工作人员用更大的热忱投入进一步的扶贫工作。

当时,在灾区工作的宣明会人员包括宣明会中国办高层管理人员——总监林博士,他对中国的工作十分熟悉,对重要的宣明会工作有决策权,很多救灾工作都可以现场指挥。因此,宣明会的救灾响应及时而有针对性。

中国内地官员首次与海外非政府组织合作,有什么考虑和感受?调研中,通过对一位当时参与救灾的地方政府官员子老师的访谈,读者可以了解双方的合作关系的建立过程。

子老师是永胜人,1996年担任教育局副处长。子老师回忆当年丽江救灾的情景,深有感触:"那年大地震,永胜县也受到破坏,但丽江是重灾区,所以我被派到丽江帮忙救灾。有很多国内及国际机构都集中在丽江救灾,以致物资过剩,例如'瓶装水太多,竟然有人用来洗澡'!"

子老师发现了一些在紧急救灾行动发生的不合理现象,比如,在没有准确需求信息的情况下,物资集中在某些不需要物资的地点,即通常是媒体集中报道的地点,也是交通较为便利、容易到达的地点。这些地点除了聚集大量物资,还集中大量政府人员及救援机构工作人员。有些物资过剩,派不出去;而一些交通不便的深山区,道路塌方,却得不到救援。面对这种资源分配不合理的现象,子老师忍不住向省民政厅提建议,可否有机构将救援伸展到永胜。根据子老师的表述,"那时,只有宣明会愿意那么做!"

子老师既然是提出争取救灾到永胜的官员,接待宣明会到永胜灾区展开工作的责任,自然落在他肩上。"当我返回永胜后,听到有

'大老板'会来协助救灾,派我接待他。接来的是宣明会的林先生,我看他一点都不像大老板。"

永胜县的政府官员缺少与国际非政府组织合作的经验,对带着救灾资金来进行救援的机构,都当成"大老板",这显示了彼此对于对方的期待有所不同。这些误解很快便澄清了。普通的衣着、随和的态度,宣明会的工作人员和政府官员开始合作救灾,立刻留给对方深刻的印象。子老师回忆当年项目开始的情况:"县领导向林先生汇报受灾情况,提出救灾项目,但林总没有表态。那时我就向县长提出学校也受到了破坏。林总对重建学校很有兴趣,决定将学校和学生作为救灾重点,由此我发现宣明会做事的方法很不一样。他没有对县领导的汇报作响应,却肯听一个小小的副处长的意见,对学校教育有兴趣。"

另一件让子老师印象深刻的事是宣明会做事之快速及决断:"林总考察完后,便和县政府签了186万的救灾援助协议。那时我们政府官员都很怀疑,是不是真的?那么大的一笔钱就这样定下来?林总走前还叫我们把准备工作做好,等宣明会救灾工作人员到来便可以立即开始工作。后来,宣明会工作人员抵达,我们政府准备工作还未开始,因为做这些工作要花几千块,而我们又怀疑是不是真的有人来,但宣明会工作人员告诉我,宣明会重视信用,答应了、签了协议就一定会做到。这使我了解到宣明会是值得信任的。"

当双方一起下乡工作时,宣明会人员的工作态度再次震动了当地官员:"宣明会救灾官员看过我们的报告,又下乡看了实际情况,发现有差距,因为政府报告数据都是报大了。例如学校重建报了600平方米,事实上只有200平方米。宣明会算得很清楚,告诉我们资料一定要真实。所以我发现宣明会是实在的,做预算也非常仔细,例如我们报的预算，瓦片是用'千块'做单位，钉子是用公斤做单位，宣明会姓张的救灾官员要求我们瓦片用'块'，钉子要用多少颗做单位。"

宣明会不同的工作人员，包括林总、王小姐、张先生、陆先生都给当地官员留下了深刻的印象："宣明会工作人员工作态度非常认真，下乡发大米坚持自己去，宣明会王小姐双脚起水泡，却说还会再来，我觉得他们跟政府工作人员不一样，政府的人不一定会再来。发米之前，我猜想宣明会的人只会坐在一旁看政府人员派发，但事实上宣明会陆先生自己亲自核对花名册。他从早上七点到晚上六点把一包包的米放在百姓背上，叮咛百姓路上要小心。用过的米袋子，宣明会的人收起来再用，我们政府的人看见都很感动，觉得宣明会的人是我们学习的对象，都是好人。"

慢慢地，政府和当地社区都对宣明会有了良好印象，觉得"他们（宣明会工作人员）的工作方法很先进和细致"。政府不同部门的人都希望宣明会能留下来，给予他们更多学习的机会。

"宣明会也觉得我们配合好，正在考虑救灾后是否留下再做扶贫工作。"

的确，从宣明会的角度来看，永胜县政府官员与百姓的表现也给他们留下了很好的印象。国内大部分的地方官员，其最初的项目计划都没有落实深入而全面的调查，只是笼统地写下一个大数目，他们对宣明会也是半信半疑，紧密观察工作人员的举动。宣明会人员早已习惯了这种态度，但永胜县官员的某些表现却是突出的，比其他县政府更为积极。一方面，地方政府对于外来机构的信任以及对于地方发展的期望和努力感动了宣明会。例如像子老师这样的地方政府官员能在丽江主动发言为自己的县城争取救灾资源。另一方面，当宣明会人员到达后,地方政府尽力配合救灾工作,对错误数据坦言承认,对外来工作方法有强烈的学习兴趣,为救灾扶贫工作做出了最大的努力,这样的地方政府在贫困县中并不多见。此外,云南省政府开放的合作态度和鼓励机构在该省开展更多项目的热诚让宣明会感受到合作的诚意。正是各级政府的热诚和贫困社区的需要让宣明会决定留下来开展长期的扶贫项目工作。

对当时负责与宣明会合作关系的政府领导,另一位地方政府官员有这样的评价:当年直接负责与宣明会打交道的官员都是好的。有从山区出来的,山里长大的,他们明白百姓的需要,也从心里赞同宣明会的理念。"他们不像有些别的地方官员,发现宣明会的钱不好用。'不好用'是指宣明会的钱不能用来吃饭。"

另一个让宣明会留下深刻印象的,是当地百姓的淳朴与主动,不像一些对政府依赖惯了的地区,永胜人有着一种向上发展的期望。他们看见好的做法会马上学习,对自己的前途也很有打算。

（三）永胜扶贫项目的落实

救灾是在一个发生灾害的情况下进行一系列短期的救援行动,由救济物资的发放,到灾后重建的完成,一般都会在灾后一至两年内结束。扶贫发展项目跟救灾项目有很大区别:发展项目是针对贫困根因进行脱贫工作,以达到可持续发展的最终目标,是一个需要长期资金和人力投入的工作,项目周期可达数十年,投入资金以千万计。因此,对宣明会来说,设立项目是一个重大的决策,而地方政府的工作态度,彼此的关系是否经得起长期考验,是合作的关键。对地方政府而言,与国际非政府组织达成协议,让其在未来十多年间留在当地开展项目,也是一个重大的决定,这当中,有机遇也有潜在的风险。

双方如何在这一决策过程中最终达成合作共识？本书就此进行访谈。

一位当时参与县政府决策过程的政府官员谈到："由救灾转到长期扶贫的决定，我们政府开会时考虑，过去永胜没有接触过 NGO，这是第一次，丽江救灾有很多 NGO 到来，包括宣明会，因为是由省厅陪同来的，故此我们比较放心。"对于救灾之后再邀请宣明会留下作长期发展项目，官员说道："我们也怕可能带来不良的影响，所以要考虑是否让他们转为长期扶贫项目。"面对可能的风险，县领导于是向上级请示。

对于上级领导提出的诸如"宣明会在进行救灾时有否发展其他组织，如地下组织"等问题，县领导说："都没有。他们也没有问一些涉及国家安全的问题，就是有人问他们一些敏感的问题，宣明会工作人员也没有回答。"所以，上级领导明确回复县里："永胜是有发展的需要的，让宣明会留下，有带来消极及不利因素的可能，但现在是改革开放，应引进外资，就放心与他们合作，让他们留下来吧。"

除了地区的支持外，省级官员的支持也是不可缺少的。当年云南省民政厅某官员回忆其认识宣明会的过程："记得民政部指派我同部里的 4 位领导到中国香港、泰国、柬埔寨等地区考察，其内容是了解世界宣明会的背景、理念、工作内容及方法。通过几天的实地了解，我发现世界宣明会的确没有国外政府和财团作后盾，是个实实在在的民间组织。我从永胜县政府了解到宣明会的救灾工作做得很好。1997 年开始，救灾工作转入'儿童为本，小区扶贫'项目。"

一位当时负责接待宣明会的县领导提到了当时政府对于宣明会进入永胜工作的各种考虑："我从起初便负责处理与宣明会的关系，觉得合作过程中最重要的是诚信！非政府组织应避免敏感问题。过去，宣明会都没有这方面的问题。有一个实在的例子：救灾时有当地人提出维修教堂的要求，宣明会拒绝了，理由是宣明会用的捐款是为救灾而不是用作宗教用途的。这给我们的印象是好的，即宣明会是非宗教性的。政府知道宣明会人员是基督徒，但他们回避了敏感问题，所以关系建立得好，宣明会与政府是伙伴关系。"

综合上面政府官员的访谈内容，可以看到中国政府与国际组织合作时主要考虑的事宜包括：

① 社会和谐的考虑，避免外来机构挑起民众与政府间的矛盾；

② 国家宗教政策的考虑，避免有违反国家宗教政策的行为发生；

③ 国家安全的考虑，避免外来机构工作人员从事与其身份不符的工作，从而危害国家安全。

世界宣明会有基督教信仰这一事实政府很清楚，宣明会对此也是非常明确。但宣明会的工作不涉及宗教事务，这是地方政府有目共睹的。正如当年曾与宣明会紧密合作的一位官员的总结："政府与非政府组织合作过程中，最重要的是诚信！""要开诚布公，与政府交流。""宣明会在这方面做得很好。"

（四）项目办的成立

永胜县政府决定让宣明会留下，在救灾重建项目结束后，开始"儿童为本，小区扶贫"项目。县政府主动提出了合作模式，即后来称为永胜模式的合作关系。这样的合作模式，在中国政府与非政府组织间是史无前例的。

永胜模式的特征是，由县政府与宣明会共同设立永胜宣明会项目办公室（以下简称"项目办"），项目办是地方政府的一个二级局机构,政府调派4个公务员到项目办做协调服务工作,与其他宣明会在当地聘请的工作人员一起工作,由政府负责他们的工资、交通费等。这样的安排是由县政府提出的。对宣明会而言,这种工作形式也是个新的尝试。

当地政府官员追述成立项目办的经过:"这对我们是一个创举,投入不少,但我认为值得。别的政府部门或事业单位,有人员但无资金、无事可做,这里有做事的资源,(政府)派些人来做,是值得的!"

永胜项目的合作模式,让政府人员与非政府组织的人员同在一个办公室工作,有利于信息沟通、增进互信。项目工作可以马上经过讨论后达成共识,做出决策。

但政府与非政府人员对扶贫工作的认识和理解不尽相同,对贫困人群的界定和应对的态度也有差异。政府人员习惯了自上而下式的工作方式,而宣明会长期以来都是自下而上式的工作方式,坚持以人为本、重在参与的理念,这些差异导致了二者在日常工作中的意见分歧,双方在最初的合作阶段就工作方式和方法上常需要进行大量的沟通和长时间的磨合。但这反而促进了彼此的了解,在项目的实施过程中,大家相互包容和认可,最终达成了共识。

另外,因永胜模式是个新生事物,很多细节未经考验。例如,政府调派人员到项目办后,其待遇和福利与其他本地聘请工作人员的分别,他们在原单位的工作考评,他们的提升机会等问题都在日后逐渐浮现。然而,永胜合作模式这个大胆的尝试经过10年的考验,利远远大于弊。

世界宣明会在永胜的10年,与地方政府在项目工作上紧密合作,双方本着互相尊重、支持和包容的态度,紧密的合作关系与日俱增。

(五) 项目资金来源及总预算

参与式发展的特征是以人为本，需要长期扎根社区，开展工作。而这背后，需要持续的资金投入和支持。像永胜这样大规模项目的资源从何而来呢？下面作者根据宣明会的财务数据，对该大型项目所动用的资金的来源进行了分析。

永胜项目办成立初始的两年间，宣明会共计投入救灾资金4 218 127元人民币。这些早期的资金，来自宣明会的紧急救援资金，主要是香港的民间捐献。继宣明会工作重点和角色由救援向地域发展转变后，云南省永胜县域持续发展项目（Area Development Programme）再次得到了世界宣明会众多资助国家办事处的资助。地域发展项目得到了香港宣明会的大力支持，在项目起始时资助了4 108 000元人民币。而"儿童为本，小区扶贫"项目则选出1 200名贫困地区儿童作为社区代表，得到加拿大宣明会、新加坡宣明会、马来西亚宣明会和澳大利亚宣明会等地资助人的帮助，在项目周期内有持续的投入支持新的子项目的开展。至2006年春，项目总投入已超过3 000万元。预计到整个项目结束时，永胜县域发展项目的总额将十分庞大。有了这些不同国家及地区的宣明会分会的资助及承诺，永胜县域发展项目遂得以长期开展。

二、永胜"儿童为本，小区扶贫"的县域持续发展项目启动

世界宣明会永胜项目究竟是怎样的？如何在项目中实现参与式赋权？与政府的合作关系对于项目运作有什么作用？目前社区的参与式工作进度如何？项目实施过程中碰到过什么困难？如何克服这些困难？本节及此后的章节将一一解答这些问题。

因篇幅关系，本书不会详细介绍整个项目内容。该设计由当年负责开展项目的宣明会派驻项目主任王超于1998年3月完成，与永胜县政府就项目内容达成共识。文件见证了通过永胜项目政府与非政府组织伙伴关系的正式建立。

由于整个项目仍在进行中，不宜对整个项目的成效立下定论，而且本书重点也不在于评定项目的成效，而是集中分析参与式发展工作。然而，为了让读者对该项目有整体了解，本书还是尝试对项目几个主要赋权的范畴作出分析，集中解构该设计背后的发展理念。其中，特别指出参与式发展规划是如何贯穿在整个设计及实施过程之中。最后，作者引述地方官员的评语、外来学者的意见、社区百姓的回馈和宣明会本身的评估报告，客观地从不同的角度对参与式发展工作的成效及进度作出分析。

永胜救灾后的扶贫项目，属大型的"儿童为本，小区扶贫"项目。它是经民政部认可由世界宣明会在全国不同省份开展实施的发展项目。

究竟中国政府是在什么样的情况下与宣明会达成合作共识，开展这些长期的大型扶贫项目的？从当年参与设计合作框架的宣明会工作人员的访谈中作者有以下分析。

世界宣明会自1988年开始在国内开展扶贫发展项目，看到中国农村正面对巨大的发展需要，世界宣明会在全球的筹款网络及能力正好为未来国内长期的扶贫需要提供资金。然而，要使中国的扶贫项目与世界宣明会的筹款工作接轨，当中还有至为重要的环节，即让国内项目农村中的儿童，作为项目社区的代表，成为"代表儿童"，与海外捐助者配对，成为一对一的资助关系。宣明会自成立以来，最成功的筹款方式便是这一对一资助关系的建立。每个捐助者都会确定资助一个项目点的孩子,他/她会收到这个儿童的基本资料,包括姓名、所住乡村、家庭及教育状况等等,通过与孩子持续的书信往来,捐助人可以了解其捐款如何帮助社区发展,让儿童的成长环境得以改善。每年,宣明会将受助儿童的照片及近况报告给捐助人,让他们能够目睹孩子因项目开展而健康成长,获得各方的关顾,最终完成学业,投入社会,自力更生。

这种一对一关系对筹款而言至关重要。儿童资料的不断更新和传递让捐助者能明确知道其捐款的用途。此外,每年都有不少捐助者参加宣明会的探访团,到扶贫项目点探望其资助的儿童。在亲眼看见资助儿童及社区的改变后,这些充满爱心的捐助人不但自己继续按月捐款,更成为宣明会工作的推广者,不遗余力地向朋友介绍这种支持贫困地区发展的方式。因为这种资助关系的建立,捐助人往往保持长期捐助,每个月把定额捐款交到宣明会在当地的分会。这种每次捐款数额不多,但持续多年的捐款,有助于降低宣明会的筹款成本,也形成了一个不断壮大的支持网络。很多宣明会的志愿者,都来自全世界的支持网络,成为机构重要的志愿者资源。

中国的项目也得到很多海外捐助者的支持,这些捐助者来自中国香港、新加坡、马来西亚、加拿大,甚至美国。每年,宣明会工作人员要对代表儿童进行探访,确保他们健康成长及接受正规的教育,也会为他们拍照,让捐助人目睹孩子的变化及成长。捐助人也可以给孩子回信(通过宣明会做信件传递),甚至参加访问团,到项目点见面及参观项目。

宣明会儿童资助工作的执行和监控要求严格,需要与社区密切的沟通,势必需要让政府了解资助工作的内容、性质和操作方式,并认识到这是宣明会主要的、稳定的资金来源。因此,宣明会认识到获得中国各级政府的理解及同意至关重要。自20世纪90年代开始，宣明会中国办事处便与民政部商议合作事项，介绍宣明会的工作方法和流程，得到中央政府的认可。同时，宣明会也积极与地方政府沟通项目事宜。然而，开始的几年都没有进展。1996年春，丽江大地震后，本书作者作为宣明会中国办的总干事，由民政部官员引荐，与中央政府派驻香港的政府官员面对面进行沟通，该官员表达了政府方面的立场："宣明会做的扶贫工作是好事，政府也知道。国内有扶贫的需要，宣明会向关心中国的捐助者筹款帮忙也是好的。但宣明会是个基督教机构，我们国家宪法给人民以信仰自由，但国家有宗教政策，不容许外国人在国内传教。"

宣明会中国办的总干事向其解释，宣明会工作人员以爱心服务去见证基督教的价值，而扶贫工作肯定不会涉及传教活动。宣明会在全世界的宗旨都是与政府合作，尊重政府的政策。

这次谈话后，这位官员回北京做了汇报，民政部很快告知宣明会，可以开始设计以社区儿童为代表的扶贫项目，后定名为"儿童为本，小区扶贫"项目，先在国内两个贫困县试点，见成效后，再推广到其他地区。该项目以中国慈善总会作为宣明会对口单位，由民政部官员见证，并于北京签订协议。

三、永胜项目简介

永胜项目有其特色，该项目在开展过程中，贯穿了以下几个发展工作的理念。

（一）坚持开发式扶贫原则

世界宣明会虽然是全球最大的紧急救援机构之一，但其工作却不仅仅局限于救援。在参与丽江地震救援行动的过程中,宣明会通过对永胜贫困现状的分析,已经开始针对贫困社区的长期需求,制订可持续发展的工作计划。其计划由输血开始,向造血过渡,反映了宣明会坚持开发式扶贫的立场。紧急救援工作的成果不但解决了灾民的燃眉之急,更为日后的发展工作打下了基础。但从救援工作转型为长期的扶贫发展工作的过程却极具挑战。当年的项目官员在访谈中反映了当时的情况:

"在1996年'二·三'大地震以来的一年多时间里,宣明会中国办事处在云南省永胜县开展了一系列救援工作,除了直接针对地震灾民的救援项目外,还引进了一些小型社区发展项目,如农业技术引进(追肥枪、喷雾器)、节能工具(节能火塘灶)、土壤改良、扫盲教育等。这些工作都对日后宣明会在永胜进一步推行发展项目打下了良好基础,播下了发展的种子。但是,由于宣明会在永胜最初是以救援者身份出现,就连宣明会设在永胜的项目办公室当时的命名都是'救援永胜项目办公室'。紧急救援工作主要是在短期发放大量救灾物资,这使永胜农村贫困社区和地方政府对宣明会的认识停留在物资发放者上,大家都怀着很高的期望值——即对资金和物资的期望。因此,宣明会在永胜角色的转变与形象的重建就显得十分必要和迫切。"

该宣明会项目官员预见了宣明会在永胜要经历的两个阶段的角色转变:一是从紧急救援者的角色转变为社区发展工作者(Development Agent);二是由原来的发展项目规划、设计与实践者再转变为发展项目的协作者(Facilitator)。这些转变"需要大量的参与意识提高与授权(Empowerment)的工作,而且必须贯穿于整个项目过程"。

(二)参与式发展概念的应用

项目设计文件指出,参与式发展理念是宣明会发展工作的基础。通过项目设计文件的节录和分析,本文将介绍宣明会如何将参与式发展的概念转化为行动。

项目设计文件中提到:"永胜县域持续发展项目的一个最显著的特点和最重要的原则,就是强调当地农户的参与和对农户的授权。让农户参与到项目的全部过程中去,包括项目选择、项目设计、项目实施与管理以及项目评估,并在这个过程中提高能力进而得到项目决策权,最终实现自身的可持续发展。"

要实现农户的参与和对农户的授权,主要采用的方法就是参与式调查评估(PRA)和参与式项目设计与管理(Participatory Project Planning,PPP)。在永胜县域持续发展项目中,PRA 和 PPP 是贯穿于整个项目过程之中的。PRA 和 PPP 的运用主要包括以下几个方面的内容与步骤。

1. 参与式的自身身份与自我价值的认识与认同

活动的目的是使当地农户充分认识自我,认识自己所具有的广泛的实践经验、生产技能、知识和能力,以及他们在将要实施的宣明会发展项目中所处的重要地位与角色。从而增强他们改善自身所处环境的自信心,激发他们向往发展的冲动与活力。

以永胜县内的傈僳族农户为例:长期以来,傈僳人被看作是落后、封闭和素质低下的典型。而这种偏见导致了他们对自我身份及价值的扭曲,安于贫困落后的现状,丧失了自尊与自信,对改善所处环境与社区发展缺乏信心与冲动。这可能是造成傈僳族社区长期贫困的主要原因之一。通过参与式的自身身份与自我价值的重新认识,再通过一系列预先设计的活动,项目会促使这种现状得以改变。

2. 参与式的描述

参与式发展描述技术主要包括两个方面:对现状进行描述和未来憧憬描述。这两个方面都采用以画图为主的多种形式来实现。现状描述主要让农户了解他们所处环境的状况,了解他们的优劣势,从而使他们产生一种改变现状的冲动和动力。而未来憧憬描述则是在现状描述的基础上进行的,通过让农户憧憬未来,画出他们自己社区的发展蓝图,来确立他们自己的发展目标,从而进一步增强他们改变现状的信心和冲动,培养他们参与项目的兴趣,为下一步的项目设计及实施奠定基础。

3. 参与式的项目设计

在参与式的描述活动之后,农户了解了自身的现状,产生了改变现状的愿望和冲动,并对未来有了具体的蓝图和目标。在此基础上,项目人员把项目设计的权力交回到农户手中,与农户一起进行项目设计。让农户自己去思考怎样实现他们自己的梦想与蓝图,并进一步设计出具体的实施方案,以此来发掘他们的创造力,充分调动他们自身的能力和潜能。这样的项目设计过程既是一个参与的过程,又是相互学习的过程:农户学到了项目设计的知识,得到了能力与权力的提升;而宣明会则从农户那里学到了地方智能、具体的实践经验和方法,为下一步的项目实施与管理做好准备。

4. 参与式的项目实施与管理

(1) 组织结构的建立

在以上的参与式自身身份和自我价值的认识与认同一直到参与式项目设计的过程中，农户的参与往往是以小组的形式出现的。在具体操作中，常常让农户自发组织起来，根据相投的志向、兴趣及各自的熟悉程度，自愿形成一个个行动小组(通常为5~10户)，并确定小组领袖(一个大家认可并服从的带头人、代表及协调的角色)。在项目的实施及管理过程中，这些小组和小组领袖被具体化和固定下来成为"行动小组"，利用这些行动小组及领袖来实现他们共同的目标。行动小组建立的同时也形成了两方面的监测机制：① 内部监测机制，即在小组内部有合理分工、互相合作、相互监督，小组成员之间相互负有行动的责任；② 外部机制，即在组与组之间有竞争也有合作，可以促进整个项目的发展。另外，行动小组同时也是一个效率机制，在小组共同行动过程中，节省了农户的劳动力、时间并推动家庭的其他发展，行动小组共同行动、共同决策、共同来达成农户自己设计项目的目标。

(2) 资金及其他资源的注入

小组成立之后，在做发展项目的过程中，宣明会根据农户自己设计的项目在实施中的实际需要，以小组为单位投入资金及资源，并以滚动贷款的方式，在小组中推行，其目的也是为了充分利用行动小组的监督机制和效率机制，提高资金的使用效率。这个过程也涉及到宣明会与政府及其职能部门的配合，在其中，需要政府行政的力量协助解决一些社区的实际困难,如基础设施建设等,在生产技术等方面也需要职能部门的协助与指导。

5. 项目监测与评估

监测与评估同时发生在项目实施的过程中和结束时,包含了两个层面的内容:

第一层面即农户对项目实施管理是否达成既定目标的监测与评估。主要通过由农户制定项目监测表的方法来对项目实施的量、质、效率及效果进行评估,包括不同时期、不同阶段的评估;另外,行动小组之间及其内部的自我监测与评估机制构造,也是这一层面的重要方法之一。监测与评估的结果将用于对农户原来项目设计进行反馈与修订。

第二层面是宣明会对整体项目的监测与评估。主要是考察整体项目是否达到预定的总体目标,这当中,农户的意识、能力、观念的改变与提高是最主要的部分。通过分析在整个项目实施过程中,农户自己设计的项目实施是否顺利达成并达到目标,来评估整体项目的效果与效率。

通过对以上两个层面的检测体系的建立,可以对宣明会在永胜所做的整体县域持续发展项目进行评估,适时反馈调整,并在项目结束后评估整个项目是否达到了宣明会进入永胜的预定目标。

(三)参与式发展项目的实施

宣明会派驻永胜开展项目的负责人王超学的是地理专业。他于北京大学完成地理学士及硕士课程后移民加拿大,于蒙特利尔大学继续对地理及城市规划进行研究,获哲学博士学位。之后,王超博士因接触加拿大宣明会，深感扶贫工作的意义，经推荐回中国从事扶贫工作。宣明会委派他开展永胜项目，正好学以致用。他把地理专业知识应用在项目设计中，根据可持续发展理论，将人地关系、居民参与、实证规范化、可操作性相结合进行设计，强调人地关系的和谐（生态思路），运用地理文脉思路，使得参与式发展项目的实施能够得以落实。

1. 整个项目作长期规划以配合参与式发展

宣明会项目与一般发展项目的不同之处是其长期的规划。宣明会认为要达到村民真正的参与，达到赋权和项目的可持续性需要10～15年的时间。项目的成败关键在于社区人力资本的开发，这比仅仅改善基础建设需要更长的时间。宣明会强大的资源筹募能力，让项目人员可以无后顾之忧地作出长期项目规划。项目办首先选择了几个示范区，在其中寻求有效的、适宜当地的发展模式，取得成效后，再加以推广。

经过了详细考察及与县政府磋商后，双方合作的项目办公室共同确定了项目实施范围："永胜CLASD(County-Level Area Sustainable Development)项目的实施范围为整个永胜县域，包括4 950平方公里面积上的369 811人口，其中以7个贫困乡（羊坪、大安、松坪、东山、东风、光华、六德）以及其他乡镇的特困村（如片角的东华、红光）中的76 632人贫困人口为主要发展对象"。

2. 项目周期

除了确定地域范围外，宣明会也定下了项目周期与分区原则。为了使项目具有较强的可操作性，并保持一定程度的弹性，故将其分为近、中、远3个时期。其中,近、中期为宣明会直接参与期,共7年。而远期发展则有赖于近、中期过程中项目带来的发展可持续性、可扩散性和自组织能力。根据近期发展强调可行性论证与参与意识激发示范性的建立、中期强调可靠性发展和推广成功示范、远期强调前瞻性预测的基本思路,确定项目分期具体年限如下:

近期(1997~1999):重点示范区发展;

中期(2000~2003):成功示范区技术的推广与方法的扩散期;

远期(2004~2010):全县域持续发展期(注:远期时限后来在双方同意下于2005年延长至2012年)。

3. 项目目标

宣明会与县政府共同商议后,订立了以下的项目目标:

① 粮食保障:在保护当地农民,特别是贫困农民(大约76 632人的贫困人口)的自然资源的同时,增加该地域的粮食产量,以增加该地区内当前和未来的粮食安全性。

② 善用能源:改善现有的能源利用基础,改变现在对劳动力和薪柴的依赖状况,使其走向积极开发利用具有持续性和多样性的能源,从而改善生态环境。

③ 居民参与:激发农户特别是贫困户自我发展的积极性,建立和强化他们参与社会经济发展全过程的能力。

④ 经济发展:帮助和协助当地人建立起适合他们自身发展条件,并能够持续下去且能向其周围地域示范和扩散的经济发展模式。

在项目设计过程中,永胜项目办确定了其项目设计的总体原则:生态思路(设计结合自然)、农户导向(农户的直接参与与地方政府协作结合)、技术先进(一般发展理论、社区参与理论、发展经济学与区域科学结合)。这些总体原则又被具体细化为下列原则,每一项都显示出以社区为本、以群众参与为先的理念。

① 结构发展原则。发展项目的成功与否,一个重要因素是其项目是否具备"特色",即在一定地域范围内(在这里是县域内)区别于其他地域的资源结构,这一结构有何特色。根据地域结构区别和时序开发重点,具体到永胜县,其不同社区(乡、村)开发结构既要相互区别,又能够实现相互之间的"互补"。

② "文脉"(地理背景)的开发原则。"文脉"是指一个社区承先启后的自然、经济和社会文化的发展过程。这里所理解的"文脉"是指社会、经济、文化发展的地理背景,并非仅指"文化脉络",在发展项目设计中,需要与"文脉"协调,尊重本土文化和智慧,并在一定程度上突破"文脉",还可以采用协调与突破相结合的发展措施。

③ 参与意识与地方政府协作的复合原则。项目实施地区的群众(农户)对发展项目的参与在这里被认为是项目设计的最重要和最基本的原则之一。在永胜的发展项目不仅仅重视项目本身的结果与成败,而同样重视在整个项目的选择、设计与评估及实施过程中,农户的参与以及他们自身对项目的理解力与管理能力的提高。更为重要的是,他们才是项目真正的最终设计者与实施者,而宣明会的项目官员仅仅扮演着协作人的角色,只有这样,项目才能具有可持续性。确切地讲,项目过程中农户的意识、能力、观念改变与提高本身就是项目的重要目标。与此同时,理解到地方政府也是重要的利益相关者,故此争取与强调地方政府的协作与协调作用也是项目设计的重要内容。对当地聘请的工作人员能力与项目管理的培训也将是县域持续发展项目的重要内容,因为宣明会离开项目点之后,他们将会完全替代宣明会项目官员的角色,使项目持续下去。

④ 弹性原则。社会经济的发展从长远来看有不可预见的成分，如果项目设计过严不留一定的发展空间，可能会导致失策或不可操作。因此，对项目的中、长期设计只可指出发展方向，适当时机（如三年后）可对其（项目起始地域）作出滚动开发。

⑤ 开发时序和持续发展原则。发展项目的实施是一个动态、持续、宏观控制、具体操作的滚动性调整的过程，而且不同时段内经济发展强度、方向及目标市场主题有所不同，因此与之相适应的发展项目建设必须注重时序，既要保证资源投入的重点，又要兼顾投入面，充分体现分期开发、滚动实施的基本思路，即强调远期的前瞻性、中期的超前性和近期的可操作性。

通过以上5个原则，永胜发展项目的可操作性与突出本区个性的策划得以互相结合，充分考虑了该区的自然结构及发展层次定位，形成一个重视生态环境质量、有充分农户参与度的可持续的发展过程。

四、永胜县政府与非政府组织合作模式之优缺点

（一）政府对非政府组织的顾虑

当年的永胜县政府对外来的非政府组织主要有以下几点顾虑。

1. 国家安全的顾虑

各级政府官员和宣明会项目人员在访谈中均表示国家安全问题是政府与宣明会合作过程中考虑最多的。中国政府忧虑外国敌对势力在国内培植非政府组织进行扰乱社会秩序的活动，因而对西方背景的国际组织的进入非常谨慎。地方政府官员较担心的是接待了国

际组织后引来不稳定因素,故此在作出引进的决定前,对国际组织背景需要有充分了解。

2. 宗教政策的考虑

国际非政府组织中有不少是有宗教背景的,虽然中国宪法保证人民有宗教自由,但并不容许境外机构在国内传教。因此,对国际组织,尤其是有宗教背景的国际组织顾虑更多。然而,通过交流、外访,中国官员对有宗教背景的国际组织的各种情况有了进一步了解。他们认识到因为西方文化的深远影响,有宗教背景的组织很多,但当中以传教为宗旨的只属少数。其他很多如医院、社会服务机构、学校、基金会等都不涉及传教活动,即使有宗教背景并不等同会进行传教活动。宗教背景可以成为这些组织的动力,但其宗旨却不涉及传教或宗教活动。

永胜县政府官员也因此对宣明会有更全面的认识。访谈中,当年的某县领导说:"救灾时有当地人提出维修教堂要求,宣明会拒绝了,理由是宣明会用的捐款是为救灾而不是作宗教用途的。这给我们的印象是好的,即宣明会是非宗教性的。政府知道宣明会人员是基督徒,但他们回避了这些问题,所以关系建立得好,与政府是伙伴关系。"

3. 国际非政府组织与中国政府合作的原因

对国际非政府组织来说,与中国各级政府建立关系是非常重要的一步,是各组织能在中国顺利开展工作的关键因素。通过与宣明会各部门和各时期员工的访谈,本文发现,宣明会重视与地方政府的合作,主要有以下几个考虑。

(1) 合法性的考虑

对习惯了在西方法治社会运作的国际非政府组织而言,合法地在一个国家运作至关重要。符合当地法律,即注册或登记成为法定的基金会或民间机构,不但能确保非政府组织得到当地政府的承认,也为机构的员工及财产安全带来保障。然而,由于中国至今仍没有相应的针对在中国工作的国际非政府组织的注册法规,国际非政府组织的合法工作只能通过与政府建立合作关系得以实现。

在社会学辞典中,"合法性"这一议题备受重视。韦伯理论指出,合法性的"法"指的是法律和规范。合法秩序(Legitimate Order)是由道德、宗教、习惯、惯例及法律所构成的[130]。合法性是指合乎规则,而法律只是各种规则中一种比较特殊的规则而已。在法律以外,还有规章、标准、原则、典范以及价值观等。

因此,高丙中曾指出,合法性的基础可以是法律程序,也可以是一定的社会价值或共同体所沿袭的先例[131]。

同样,帕森斯强调组织的合法性与社会价值系统之间的关系。他指出,如果某组织要获得合法性,并获得对社会资源的占有有公认的权利,该组织追求的价值必须与更为广泛的社会价值相同。合法性很大程度被理解为对于组织目标的社会评价的适应[132]。韦伯也认为,只要是政府或其代理人确认、同意、授权的组织,也相应地视为具有合法性[133]。

针对目前中国社会团体的情况,高丙中从法律秩序角度,指出社会团体有4种实际存在的身份:

① 合法登记注册的社团;

② 无法人地位,但挂靠在合法登记法团下之次级社团;

③ 以企业法人身份在工商管理部门注册的社团；

④ 没有进行注册的"非法社团"。

高丙中指出不合法律的"非法社团"仍然可以好好运作，说明其存在和运行是符合某种秩序的。他引入合法性概念范畴，认为这一概念范畴比是否合法本身更能描述目前的状况。在这范畴之内，高丙中提出了有 4 种合法性是社会团体可以拥有的，即社会合法性、行政合法性、政府合法性及法律合法性[131]。

目前，中国的法律还不允许国际非政府组织在国内注册登记，成为有法律保障的机构。对大型的国际非政府组织来说，项目的合法性至关重要，这关乎其工作人员、资产及投入资金的安全。

所以，在法律还未能给予国际非政府组织合法地位之前，与政府建立合作关系便成为赋予其工作合法性的最佳途径。宣明会与永胜县政府共同合作成立项目办，签下协议书，明确了其行政合法性。其救灾扶贫工作扎实到位，得到老百姓的好评，延续救灾项目成为扶贫发展项目，得到当地官员与百姓的认可，建立了社会合法性的基础。同时，机构了解国情，回避了种种敏感问题，因而获得政治合法性。2004 年，中国政府基金管理条例出台，宣明会已提出申请，希望在中国成立一个基金会，但至今尚没有一家国际非政府组织能够正式获批。因此，在相关法律法规出台前，像宣明会这样的国际非政府组织只能依赖其他 3 种合法性（社会合法性、行政合法性、政治合法性）来开展其扶贫工作了。

（2）进入农村社区的考虑

参与式发展模式需要发展工作者到农村社区开展以人为本的工作，通过长期与社区的沟通，提升村民的发展意识及谋生能力。

西部偏远的贫困农村,一直以来很少有外人能进入开展项目。如果没有当地政府的协助,宣明会根本无法在当地进行发展工作。即使对一些在国内已经合法注册的基金会来说,让工作人员亲自到农村运作扶贫项目也是十分困难的,必须通过地方政府的支持。世界宣明会与县、乡政府共同组成项目办公室,有助于建立社区百姓对外来机构的信任,也保证工作人员能深入社区开展扶贫工作。

(3) 获取本地资源

宣明会的工作十分重视当地社区的参与,机构相信当地人员拥有地方经验和地方智慧,当其参与在项目设计及运作中时,可以结合国际经验,使项目取得最大成效。在永胜项目成立初期,宣明会派驻当地的只有项目主任一人,其余十多位员工都在当地招聘。在落后的贫困县城,没有成熟的人力资源市场,大部分有文化及具工作能力的人才都集中在政府公务员队伍中,通过与县政府合作建立的项目办公室,宣明会可以获得不同专长的人才,例如农业、林业、会计等人力资源,在短时间内便可以开展工作。一方面,对机构而言,是在国内组织工作队伍的最佳途径;另一方面,对政府而言,大部分项目工作人员都是公务员,时刻关注着宣明会的各项举动,这对增进双方的相互信任起到了重要作用。

除了人力资源外,政府的专业部门也因合作关系变成项目的资源,例如,当地的农业、林业等部门,掌握着当地的基础资料及生产发展情况,合作过程中,为项目提供了重要的信息和依据。

(4) 降低项目成本

地方政府资金短缺,但拥有其他资源,如土地、人力资本、社会资本等,对发展机构来说,互相合作可以降低项目成本,提高项目效率,例如,项目办公室的建立,双方同意由地方政府提供办公室。一开始,项目办公室安置在县政府办公大楼。后来,政府拨地建筑农村发展学校,项目办公室随之搬到校内新址。这些安排为宣明会项目省下不少租金。有时,项目办需要更多车辆下乡,也可向政府部门商量借用,只需支付汽油费用,不用多买车辆备用。种种因合作关系带来的便利降低了项目成本,使更多资金可以投入社区。

(5) 为地方政府的工作文化及政策带来正面影响

通过与地方政府长期而紧密的合作,宣明会的工作人员可以为当地的公务员带进一些国际水平的工作模式及管理概念,他们严谨的工作态度,也感染了一些政府官员,永胜教育局官员在访谈中谈到:"他们(宣明会救灾人员)的工作方法很先进和细致,我们政府不同部门的人都希望宣明会能留下,让我们学习做事情的方法。""我觉得政府人员学习到的思考方法,是一个宝贵的资源。这些资源包括从宣明会学到的经验、方法、工作态度及精神。"

而省民政厅一位官员也提到:"(宣明会)永胜项目办提倡吃苦、奉献和超前意识,这里的工作人员住在基层与广大群众同甘共苦,他们走村串寨,与群众打成一片,因此不仅做好了工作,而且为我们培养了一大批项目官员和助理官员,为整体推进云南的(扶贫)工作奠定了良好的基础。"

另一位曾与宣明会合作过的永胜政府官员这样评价宣明会的工

作:"宣明会由下而上,深入民间,参与方式我是赞同的,技巧方法都学了一点。""我现在搞民族文化开发,过去从宣明会学的也好用上,因为搞民族文化,社区参与非常重要。"

所有这些影响是通过长期的合作,在融洽的工作氛围相互尊重的过程中自然形成的。宣明会的信念是当地的发展最终应该掌握在当地人手里。作为一个外来的发展组织,宣明会只有在项目周期内努力建立社区及地方政府的发展能力,带来正面的价值观念及工作态度,以廉洁和谦卑的服务精神作出榜样。

(二)宣明会对合作关系的顾虑

国际非政府组织与政府建立合作关系也并不是全无顾虑的。首先,非政府组织的身份只有与政府有所不同,才能发挥其公民社会的作用。其次,与政府过度密切的关系也可能带来其他问题,需要有以下几方面的考虑。

1. 防止贪污腐败

权力会带来腐败的危机。在偏远山区,地方政府相对强势,如何在彼此合作关系上,确保大笔项目资金的公平运用,杜绝贪腐的机会,是国际非政府组织必须考虑的问题之一。一直以来,世界宣明会对项目财务管理有很高的要求。这些要求,通过宣明会与地方政府签订的协议得到双方的认可和遵守。项目办财务完全依据国际宣明会的财务管理做法,例如,拥有独立银行账户,没有宣明会派驻人员共同签署不得运用项目款项等,日常运作支出由宣明会派驻人员与政府派至项目办官员共同订下政策管理,宣明会及政府各自定期进行审计等等。这些公开、公正的财务管理要求,保障了项目款项的正常运用。

2. 政府干预以至于不能依照发展理念进行项目

政府的行事方法及管理理念,很大程度上不同于非政府组织的行事方法。政府讲求行事效率,办事方法自上而下,政策压下来没有多少讨论空间。非政府组织则以社区为本,自下而上,尊重个人意见,多听取,多讨论,让每个人发表意见,遇有反对意见时会修改设计,不会强迫进行。在政府角度来看,宣明会自下而上的工作方法可能有废时失事的感觉。通过多次沟通,宣明会取得永胜县政府对其发展理念的了解及尊重,给予项目办绝对自由做社区参与及赋权等工作。工作过程中,虽然也出现过意见分歧的情况,但通过交流沟通,总能彼此理解和包容,项目能持续地针对社区需求得以顺利实施。非政府组织能够保持其工作理念和原则是与政府成功合作的关键,否则项目办将变成政府的职能部门,失去优势互补的作用。

3. 敏感范围的合作

政府对于某些政治范畴有其敏感性,国际非政府组织亦有同样的范畴。在永胜推行发展项目时,也常会遇到一些理念相矛盾的情况。例如,国际社会对中国政府的计生工作有不同的看法,认为此项工作只是以控制生育为目标。曾经有媒体对中国的计生工作做过负面报道,如强迫堕胎、重男轻女观念引致女婴流产的增加等等,令国际社会对整个计生工作有所误解。这使非政府组织不敢轻易与政府在这一领域合作,以免被国际媒体批评攻击,引起捐助人不满。因此,当永胜县计生部门最初向宣明会提出在计生工作上合作时,宣明会大感为难。

一个当时负责永胜计生委的人员这样记述:"当初王小姐(宣明会工作人员)拒绝了,不跟计生办合作。她表示:'做困扰妇女的生殖健康项目,是件好事,我亦是女性,本应支持你的要求,但我们可与任何部门合作,却不接触计生办。'"

然而,该主任却没有放弃,他相信双方的工作是需要时间来沟通和了解的。计生委主动派了十多人参加宣明会公务员培训班(当时总共有80多人参加)。2000年,计生委就社区群众需要再向宣明会申请项目,内容包括了避孕方法服务、妇科检查、生殖系统感染治疗等,并不涉及流产及人工绝育。经过在永胜3年多的工作,宣明会已经很了解当地计生委的工作范畴及农村社区的需要,最终与计生委签订项目协议,进行总值130万元、覆盖全县147个村委会的妇女生殖健康服务。目前,项目成果明显,服务对象由育龄妇女拓展到男性,加入了艾滋预防宣传。项目期间收到社会群众非常正面的回馈,完全没有强迫流产或绝育的投诉。2006年,经双方同意,决定将项目再延长至2008年,更加入了新的项目内容,包括儿童出生前知识传递服务、生命周期由胚胎开始等宣传,完全符合宣明会儿童为本的工作重点。

这例子证明了只要政府与非政府组织拥有共同目标,即了解群众、服务群众,且双方能够保持沟通对话,互相信任,彼此尊重,通过磨合的过程,总能找到合作的方法,造福群众,带来良好的效益。

政府与非政府组织之间存在很多不同之处,这源于彼此在性质、理念与工作特征上的不同,并不存在是非对错、孰优孰劣的问题。这些不同,不应该构成对立或矛盾,反而可以通过合作形成优势互补,相辅相成,和而不同。永胜扶贫过去10年的经验,证明了以上的概念不但是理论上可行,在实践中也能有成效。

(三) 成功的因素

伙伴关系的建立,首先要保证双方在合作中互惠互利,永胜政府与宣明会的合作在地方利益的立场上有什么样的考虑？这些考虑即成为双方达成合作的诱因。本书深入分析访谈资料,从地方政府角度出发,总结合作关系所带来的地方利益如下。

1. 引进外来资金

对贫困山区地方政府而言,与非政府组织合作所引入的外来资金无疑是十分重要的资源。目前,宣明会在永胜已经工作了10年,投入扶贫资金3000多万人民币,这对于长期扶贫资金短缺的地方政府来说是一笔重要的外来投资,而且,这一投资没有任何附带条件。当时参与项目的一位地方官员说:"我重视跟宣明会合作。宣明会有资金的援助。没有资金,更好的主意也没有用。"

更重要的是,政府与宣明会的合作关系的建立始于1996年的丽江大地震,是永胜最需要外来支援的时期。当时,外来救援及媒体报道仅仅集中于丽江市,对于永胜的救灾需求却关注不够。宣明会不但愿意到访永胜,更在很短时间内便决定100多万元的救灾项目,这对地方政府来说,像是及时雨一样难得。宣明会之后投入的扶贫资金不但改善了贫困人口的生活,也带动了当地经济的发展,例如,用于建设学校、道路等工程的资金,也为当地施工队、建材供货商带来工作机会。非政府组织所带来的资金,与外国企业的投资同样珍贵,政府能够成功争取,无疑是件好事。

2. 打开对外开放的窗口

改革开放多年,但地处内陆山区的永胜县过去却没有外商投资,也没有机会对外发展旅游业,信息十分闭塞。与世界宣明会这样大规模的国际机构合作,是很多当地的政府官员首次接触国际组织。宣明会工作人员的专业态度和奉献精神给很多当地人留下深刻印象。这批工作人员都是大学毕业生,不少有海外求学经验,他们间接让永胜人接触到国际先进的管理经验。

一位协会工作人员说:"在宣明会工作要用计算机,能在网上学到很多不同的知识,这是在永胜其他的工作中不能学到的。"

宣明会的国际网络也为永胜县打开了对外的窗口。项目开展期间,很多来自不同国家以及国内不同省份的捐助人、志愿工作者、社会发展研究学者等到访永胜,永胜项目成了外界和永胜进行沟通和交流的桥梁。

3. 彰显政绩

地方政府资金不足,但国家扶贫政策下来,又不得不执行,在夹缝中工作的政府官员,一方面,不能满足百姓的期望;另一方面,也无法对政府工作做出贡献,实现良好的政绩。宣明会的介入改变了这个状态。

一位大安的官员这样说:"大安现在水、电及路都通了!多亏宣明会的帮助。像通村路,我们政府只有 8 000 元,不够!余下不足的,宣明会都资助了。如今 8 个村委会全部通路了。"

另一位官员这样说:"宣明会的工作对政府工作也有帮助。例如林业局命令不让百姓砍柴,但百姓还是要砍;沼气池造了就不用砍柴了。县里本来没有资金支持(造沼气池),宣明会与政府一合作就推行了。"

另一位县计生委的官员追述计生委与宣明会合作的经过:"当初,王小姐(宣明会工作人员)拒绝了,不跟计生委合作。""我们继续争取宣明会支持合作计生项目,要时间互相了解。我们派了十多人参加宣明会的培训。那次共有80多名公务员参加。""后来在2000年3月才签订合作协助,共用了好几年时间协商。""(现在)项目成果比较明显,人群、区域的覆盖面最大。"

第二节 世界宣明会与社区及地方政府的合作

一、社区合作关系对参与式发展的推动

世界宣明会与政府的合作模式推行了一年多,双方的伙伴关系趋于完善,充分发挥了该办公室在县域扶贫与发展工作中的作用,同时,也形成了一支具有管理国际合作项目能力的队伍,为将来进一步顺利实施参与式发展奠定了基础。

然而,鉴于当时还没有建立较为完整的县—乡—村一体化管理体系,在乡、村这两个层次,逐步建立乡镇与行政村级(贫困项目乡村)项目管理架构成为永胜县域持续发展的必然趋势和要求,也是将来全面实施儿童资助项目的基本保证。在完善体制的同时,更需要培养对参与式发展有深入认识,并具有一定项目管理水平的扶贫发展队伍。因此,一个完善项目管理体制与连续的培训机制的建立自

然成为下一步工作的重点,是项目实现可持续性的保障。以下是宣明会与政府合作开展的一系列相关项目。

(一) 永胜农村发展培训中心

项目开展数年后,宣明会发现,社区人力资本的开发是影响项目成败的关键,也是项目实现可持续发展的重要环节。同时,随着项目的不断拓展,也出现了项目管理人才缺乏的"瓶颈"问题。能力建设和人才培养成为当务之急。

因此,永胜项目办决定与政府一起建立"农村发展学院",以促进人力资本开发、能力建设和培养乡村发展人才。2001年,宣明会向县政府提议,由宣明会投入资金建立一个农村发展培训基地(学校)。基于彼此良好的合作关系,永胜县政府对宣明会的建议大力支持,很快便由政府在永北镇提供了5亩地,由宣明会兴建农村学校,培养当地社区农民。政府还协助其在教育部门注册,赋予其合法地位。

该学校的构思受菲律宾著名的"国际农村重建学院"启示,由当地政府和世界宣明会共同合作筹建,旨在培养当地农民学习新农业技术及引进新品种的试验,担当"农民学校"的角色。另外,也为永胜项目乃至全国的农村发展与扶贫项目培养管理人才。学院的建立与运行对培训农村发展工作者和农民(特别是贫困地区的农户)、促进能力提升起了重要作用。农村发展学院的建立与运作也吸引了宣明会以外众多国际性机构,如世界银行(World Bank)、联合国发展署(UNDP)、加拿大国际发展署(CIDA)等来此进行交流,并实施开展扶贫发展示范项目,对当地以及全国的农村扶贫与区域可持续发展工作起到巨大的推动作用。与此同时,永胜的知名度也随之提高了,吸引全国乃至国际的扶贫专家前来交流和开展研究。

（二）"永胜之窗"

在项目开展过程中，宣明会发现，农村社区长期与外界隔绝，缺乏对市场的了解，社会资本严重落后，阻碍了社区的发展。于是，项目办于2001年开展了"永胜之窗"子项目，推动社区经济发展，借微型企业的发展带动社区走向市场。子项目的内容不仅局限于提供借贷等资金上的支持，还以"农村发展培训中心"为基地，为社区提供专业技术培训，更新市场信息，并帮助社区与外界建立市场网络等。

"永胜之窗"的具体内容如下：

① 发掘社区中有一定条件的创业者，通过在资金、技术、信息和市场方面的支持，帮助他们参与并建立自己的商业项目，进而带动社区的经济发展；

② 对永胜现有资源进行发掘或加工，由社区中人士参与管理，让其增值后销售出去，拓宽社区致富渠道；

③ 开拓社区视野，创造机会与外界建立联系，并在过程中栽培社区领袖；

④ 积极帮助社区寻找商机，建立内外桥梁，增进社区的社会资本。

"永胜之窗"众多的活动中，最为社区所津津乐道的，要算是农村妇女手工小组的成立和其产品成功打进丽江的旅游市场。开始的时候，为了上述第③、④的目的，项目办在离永胜两个多小时车程的丽江古城旅游区租用了一个规模很小的店铺，摆卖并介绍永胜的土特产品。在此过程中派了社区的几位妇女长驻丽江，了解当地市场的运作。当中一个妇女发现了游客对少数民族手工编织品的喜爱，她也深知永胜他留族妇女勤劳能干，自古以来就以山上的火草麻布做衣履,刺绣手艺精湛,极具独特的民族特色。她主动与项目工作人员商议,之后,由宣明会倡议,在六德乡的云山和玉水村成立了两个手工小组,鼓励社区妇女参与其中。宣明会自香港请来了几位著名的女艺术家担任志愿者,不但教导学员们改良传统手工艺产品,使其更迎合市场的要求和需要,更在连串的培训过程中,教导她们性别意识,鼓励妇女建立自信,积极参与社区发展事务,共同策划未来。经过培训,妇女手工小组的制成品通过自己的店铺,成功向游客销售,销售额不断提高。参加该项目的妇女不断增加,除了得到重要的经济收益外,妇女们在社区和家庭中的地位也得以提升。

目前,整个"永胜之窗"的日常运作,包括商品的原料、制造、销售及分红,都是由村内的一组妇女负责,是名副其实的社区自治,是妇女得到赋权的最佳例子。

此外,该子项目得到永胜县政府及丽江市政府的鼎力支持及协调,在短短数年中有了很大的成效。

(三)农村社区发展协会

自世界宣明会于1997年把永胜县确定为国内实施"儿童为本,小区扶贫"项目试点县之后,永胜项目办分别在羊坪、六德、片角、大安4个山区贫困乡开展项目,项目尤其重视社区人群能力的提升,促使社区达成可持续发展。在这样的发展理念下,1998年,在4个乡的部分社区以自然村为单位,设立了基金会,尝试用小额信贷的方式扶持其发展,达到从根本上提高社区自我发展的一种意识,逐步为社区的持续发展建立新的组织模式。但由于社区或基金会没有一个合法的体制来维持和推动,基金会成立不久,就出现了一些新的需要解决和完善的问题。这些问题从理论和实践上为永胜县农村社区发展协会的成立提供了基础。

针对永胜社区基金会的现状,宣明会永胜项目办公室听取社区意见后,根据1999年国务院250号令关于《社会团体登记管理条例》及关于《积极培育民间组织的方针》等有关法规和政策,组织了一批当地的热心人士,对所尝试的基金会和其他自然村进行长时间参与式调研,了解社区村民的需求和心声,同时对申请注册的事宜做了进一步调研,至2002年年底,初步形成了成立永胜县农村社区发展协会的共识,为民间组织在永胜的成立提供了外部环境。

永胜县农村社区发展协会首任会长杨会长是来自当地农村社区的退休公务员。在本书的访谈中,杨会长描述了协会的定位、宗旨、业务范围、项目发展特点及优势:"永胜县农村社区发展协会章程明确了协会是'源于社区、基于社区'的本地非政府组织,其发展理念为'儿童为本,小区扶贫'的区域持续发展,通过国际国内的组织与当地政府合作,为实现永胜经济、社会、生态的持续发展提供专业服务。"

协会的业务范围包括接受资助与捐赠,推动当地慈善事业发展;组织社区群体参与项目发展;关顾儿童,对弱势群体进行多种形式的救助;推动素质教育、卫生健康、农业及经济发展、生态环保、基础设施建设;建立培训网络,提供培训服务,促进农村社区建设和能力提升,建设和谐社会,推进社会主义新农村建设。永胜县农村社区发展协会在项目发展上有以下几个特点。

1. 参与式

所有的项目发展都由村民积极参与设计,由村民自行实施和监督。尊重村民、倾听村民意见是拥有良好工作关系的重要条件,也是在项目全过程中的关键因素。通过与村民进行非正式会谈,花足够的时间去认识村民,了解他们主要关心的问题,鼓励村民产生对项目的拥有感,让他们自己决策。鼓励尽可能多的人参与进来,特别注意并尽量与平时不易见到的人群如妇女、老人或残疾人接触。

2. 扶贫式

在项目实施过程中,永胜县农村社区发展协会针对贫困农户的贫困程度,给予项目扶贫,无偿提供一些资源给这些弱势人群,使他们尽快发展起来。如在社区教育发展上,寻找外界资源,无偿提供资金修建社区校舍,资助贫困学生继续上学;在经济发展上,给特困户提供需要的生产资本等。

3. 开发式

充分利用社区当地的自然优势,积极开展小额借款,扶持微型企业及种植业、养殖业等开发性农业;结合项目发展,传播外界信息知识,提高社区人群的综合能力,不断改变社区的生活状况,提高社区人群的精神面貌,促使他们对未来生活充满希望,从而达至社区的自力更生。

4. 合作式

永胜县农村社区发展协会致力于与世界宣明会、国内外民间组织、当地各级政府和社会各界爱心人士建立合作伙伴关系,以推动永胜县农村社区卫生、教育、经济、生态和社会的综合发展。

对永胜县农村社区发展协会的优势和前景,杨会长满有信心地发表了下面的意见:"永胜县农村社区发展协会从性质上来讲,是由热心于农村社区发展事业的社会各界人士、社区广大群众自愿参与的非政府组织,它不以赢利为目的,其会员大部分来自永胜县社区边缘贫困弱势人群,以自然村为单元建立社区发展小组,成为协会的团体会员。"

"再者,在体制上,理事会成员都来自社区,而非行政人员,理事会每半年召开一次,主要探讨协会的决策发展,制定内部管理制度。协会的最高权力机关是会员大会或会员代表大会,每年召开一次会员年会,听取和审议理事会在一年里所做的工作和财务管理。"

农村社区发展协会的成立,为日后宣明会撤出、交由村民自我管理项目奠定了基础。众所周知,在国内要成立一个像协会这样的草根非政府组织并不容易,要在民政部门注册,首先要得到地方政府的支持。通过永胜项目办的合作模式,协会被视为县政府工作的延伸。协会在短时间内顺利成立,目前已接手负责很多永胜项目的日常运作。一群来自当地社区的员工,正在工作中学习,累积经验,为将来接棒作准备。

二、政府官员对项目的评语

2006年3月,永胜县举行盛大仪式,庆祝自丽江地震开始之后的10年间,宣明会与县政府共同合作开展扶贫发展项目的丰硕成果。县长江勇,在永胜项目10周年纪念文集的序言中这样写道:"1997年永胜县政府和人民开始了与世界宣明会的新合作扶贫发展。通过宣明会的资助,先后在羊坪、六德、片角、大安4个乡开展扶贫项目。项目涉及教育、卫生、文化、科技、农村经济发展、基础设施等方方面面,累计达590多项次,引进外援资金逾3 000万元,惠及人口数十万人次。4个项目乡的旧校舍基本得到改造,教育设施超过了经济条件稍好的坝区。公路、水利设施、人畜饮水等基础设施条件也有了较大改观。人们的生态保护意识不断增强,发展观念发生了可喜的变化。这一切都得益于与世界宣明会的合作。2005年宣明会在永胜的项目又扩展到东山、东风两个乡,为永胜县更大范围的扶贫开发注入了新的活力。通过长期的扶贫实践,宣明会创新了扶贫的理念,争取建设了永胜县农村社区发展培训中心,催化成立了永胜县农村社区发展协会,必将为永胜的经济发展、社会进步做出较大贡献[134]。"

江县长这里简单的描述,道出了几个关于永胜项目的客观事实:

① 综合性的项目设计覆盖了农村发展众多方面的需要;

② 项目累计的现金总投入超过了3 000万元;

③ 除了可见的基础建设等硬件外,人们的观念也发生了改变;

④ 农村社区发展培训中心保证了农民的教育及培训,是以人为本发展观的落实;

⑤ 催生了草根农民组织永胜县农村社区发展协会。

另一位永胜县教育局的官员这样描述宣明会永胜项目的成效:"直接显而易见的影响是10年引入资金超过3 000万元,修造很多道路、桥梁。另外,农民经济收入有所增长。""但隐性的成果更包括了人的思维方法和能力的提升:不但对于村民,亦影响了政府人员,县政府学到了扶贫的方法。在宣明会之后,有10多个非政府组织来过永胜扶贫,我在经过和宣明会3年工作之后,再去和这些非政府组织考察,编写项目文件,都没有遇到问题,且项目也获批。我觉得政府人员学习到的思考方法是一个宝贵的资源。这些资源包括从宣明会学的经验、方法、工作态度及精神。"

第三节 永胜项目内容及实施效果评估

世界宣明会如何评估永胜的整个项目周期内社区的参与程度？在过去10年中，永胜推行参与式发展的困难有哪些？通过与宣明会员工、社区人士、地方官员的访谈，根据宣明会内部和来自外来学者的项目评估报告，作者有以下分析。

一、2001年永胜县域持续发展项目终结评估报告总结

2001年9月，永胜县域持续发展中期项目结束（注：此为由1997救援重建后过渡到社区发展的中期项目。中期项目结束后，宣明会在永胜又开始了"儿童为本，小区扶贫"项目）宣明会对自永胜救援以来在当地开展的项目进行了内部评估，有如下评估结果。

从整体成效来说，农业方面，经过良种和技术引进，粮食产量得到提高，农民增加了收入，社区贫困面貌有所改善；教育方面，重建学校与学生书费的补助，解决了学生的实际困难，改善了学习环境，降低了辍学率；卫生健康方面，代表儿童得到了4种基本的免疫注射，急需治疗的儿童得到及时的治疗；生态方面，河道治理和剑麻的种植不仅改善了当地的生态环境，也使村民开始认识到保持水土的重要性和固土保水的一些方法；基础建设方面，大量基建工程的配合，加速了社区经济的发展；社区能力建设方面，通过项目实施过程中项目管理与各种类型培训的举办，社区中人们的个人能力和参与社区管理的能力得到了不同程度的提升。

针对项目中社区的参与程度，报告对项目可持续性进行了如下

分析：

① 大部分评估参与者认为，社区成员和当地政府都知道宣明会项目，也看到项目带来的益处，并有许多社区成员参与和执行项目。项目也顾及性别平衡，有健全的持续性策略。大部分项目活动都针对农民需要，且相当多的相关利益者接纳了项目引进的技术。

② 相当一部分人认为，项目是通过政府架构并与其合作来开展工作的，社区成员参与、监测及评估项目从另一方面支持项目继续开展下去。项目以社区为依靠，参与者活跃程度较高。

③ 还有部分人认为，社区成员认为自己有项目的拥有权，项目实施是以社区为本，并以训练培训者（Training of Trainer，TOT）的方式进行。

报告说明，虽然至2001年，永胜的合作项目已有很大进展，宣明会与地方政府合作关系良好，社区与宣明会紧密接触。但社区的自我管理能力及参与意识仍处于初级阶段，还达不到可持续的程度。这从另一方面也印证了宣明会的国际经验，即要建立人力资本，让社区充分参与在项目管理之中，达到可持续发展的目的，至少需要10年以上的项目周期。

此外，2004年，宣明会又对永胜扶贫项目中儿童发展部分的项目影响进行了评估，回顾过去5年里项目在儿童发展方面的成果，得出以下结论："调研发现通过综合发展的模式永胜儿童的福祉大大地得到改善。"而这一综合结论的建立是基于以下永胜贫困社区的发展事实而来的。

(一) 农户温饱问题已得到解决

评估报告指出："项目以引进种植脱毒洋芋新品种为突破口，成功地提高了粮食产量，基本解决了农户的温饱；还有部分剩余粮食作牲畜饲料。此外，还通过微型企业的方式提高了农户的经济收入。同时，道路、桥涵、水利等基础设施的改善，也为农户增加经济收入、改善生活状况提供了必要的条件。"

"以纯彝族的羊坪乡为例，1997年全乡人均年收入为497元人民币，人均有粮270公斤。到了2003年，羊坪全乡人均收入达676元，人均有粮353公斤。"

报告中更详细列举麦架坪村在1997～2003年生活状况的变化（表4—1）。

表4—1 1997～2003年麦架坪村生活状况

	1997年	2003年
粮食产量（洋芋）	500公斤/亩	1 500公斤/亩
大牲畜	全村牛20头、羊100只、猪30头	全村牛100头、羊500只、猪60头
住房条件	瓦房5户、黄板房25户、茅草房10户	瓦房38户、黄板房29户、茅草房1户
行李	每家只有一套被子	每人有一套被子，还为客人留一套
电视机	无	17台
录音机	无	50台

资料来源：世界宣明会中国办事处永胜项目办公室2004年儿童发展评估报告。

在此数年中，永胜扶贫项目乃唯一直接影响该山上小村庄的外在因素，故此期间的变化，应该可以反映项目所带来的成效。

(二)医疗卫生的改善

评估报告指出:"项目通过开展生育生殖健康宣传、儿童体检、医疗设施改善、村医培训、卫生健康知识宣传、社区公共卫生设施改善等活动,改善了社区的医疗卫生状况。1997年,羊坪全乡儿童的'四苗'接种率只有85%,到了2003年接种率达95%。1997年采用新法接生的妇女只有50%,2003年有95%采用新法,大部分妇女愿意到乡卫生院生孩子。1999年至今没有一例孕产妇死亡。"5岁以下婴幼儿死亡率人数逐年减少(表4—2)。

表4—2　1997～2003年永胜羊坪乡婴幼儿死亡数

年份	1997	1998	1999	2000	2001	2002	2003
婴幼儿死亡数	9	11	8	6	8	3	3

资料来源:同表4—1。

(三)儿童教育的改善

评估报告指出:"过去5年,通过项目实施,羊坪乡中、小学校的教学环境在不同程度上都得以改善。项目重建了3所完全小学及1所村点小学,还为另外2所完全小学和1所村教学点修建了操场和厕所。目前,正为羊坪中学建设一幢可容纳150名女童的宿舍楼。全乡危房学校由1997年的1 900平方米减少到目前120平方米左右。教室的课桌椅如今基本上都是标准桌凳。很多学校还增添了图书、音响、VCD、教具和学生使用的文具用品。家长更愿意送孩子到学校。学生更好学,老师更好教。"

表 4—3 显示了羊坪乡入学率和巩固率在项目周期内的情况。

表 4—3　1991～2003 年羊坪乡中小学教育情况

	1991 年	1997 年	2003 年
7～12 岁适龄儿童入学率(%)	67.3	88.3	98.8
13～15 岁儿童入学率(%)	*	8.6	79.3
小学辍学率(%)	14.4	11	2
中学辍学率(%)	*	30	14
小学女童入学率(%)	36	83.2	100
中学女童入学率(%)	*	5	80
学生人数：小学生	392(99)	637(285)	819(365)
（人）　　初中生	59(4)	41(7)	178(74)
高中生	*	2	36(1)
大专(学)生	*	0	8(1)

注：* 资料欠缺，(　)内为女生数目。
资料来源：同表 4—1。

以上数据说明项目目标在很大程度上得到实现，项目成效明显。然而，本书更重视参与式发展理念在项目中的实践情况，以及宣明会与政府的合作模式对社区参与所起的作用。在该份评估报告中针对这方面的篇幅也很大，足以证明项目人员对此的重视程度。

评估报告指出："作为宣明会核心信念之一的'重视人的价值'，为项目发展注入了'以人为本、自下而上'的发展扶贫理念。这些理念体现在项目的考察、设计、实施、监测及评估等一系列活动中，都以参与的方式进行。关注社区居民的需要和发展的差距，充分调动和发挥社区的潜力和地方智能，来解决社区存在的问题。这个过程最终使社区群众得到尊重，能力得到提高，进而获得项目决策权，最终实现可持续发展。"

"项目在设计和实施前,对社区和儿童发展的实际状况进行了长达半年的调查了解。在过程中进行了包括参与式学习(Participatory Learning and Action,PLA)、参与式调查评估(PRA)和参与式项目设计与管理(PPP)等在内的社区预备工作,为系统的项目设计形成提供了有力的根据。"

论及与政府的合作关系,报告指出:"随着项目的开展,社区、政府与世界宣明会建立了良好的合作伙伴关系,使三者之间的优势得以结合并相互补充,既充分发挥社区作为项目实施主体的能动性、政府组织自上而下管理的特点,又有非政府组织自下而上重视受益人参与的特点。""2003年8月,永胜发展项目4个项目乡共34个村小组共同成立了代表永胜社区的永胜县农村社区发展协会,构架起具有持续发展战略意义的合作伙伴关系平台,既能巩固原有项目的成效,又为在当地继续推广社区发展项目奠定了坚实的基础。"

(四)儿童营养及体质得到改善

宣明会项目的重点是以儿童为本,儿童生活状况的改善自然成为量度成效的重要指标。2005年,永胜当地五位宣明会项目官员进行了儿童营养及体质改善的调研。有如下发现:在永胜县羊坪乡,在1 200名项目受助儿童中随机抽取50人,以他们在1999~2004年的身高、体重为指针,相对于同期项目资金的投入进行分析。发现在经过一年后(即项目实施一年后),他们的营养状况开始改善。通过线性回归模型分析发现,项目资金投放于医疗、卫生农业及能力建设对儿童营养及体质的改善影响最大。

支持这一调研结论的项目投入包括两方面:一方面,通过医疗卫生方面投入,包括直接儿童营养补充项目,成功改善项目点儿童营养状况;另一方面,借由农业投入,保障家庭粮食安全,促使家庭和社区持续努力以改善儿童的营养状况[135]。

(五)项目官员的项目评价

宣明会在永胜的工作人员如何评价参与式发展带来的项目成效?本书作者与宣明会历任驻永胜项目办的项目官员做了深入访谈,具体内容总结如下。

"永胜县内有不同的项目社区,而每个社区存在着文化背景及地理条件的差异。这些差异都对参与式工作的进程带来影响。在永胜不同的项目点中,参与式进度各不相同。联合国发展署(UNDP)把参与分为八个层次:最低的是表面为宣传而作秀的所谓参与,称为Manipulation。其上为Information层次,是单向的信息交流,由项目操作者告诉社区,贫穷人没有反馈或谈判的地位。第三层为Consultation阶段,利益相关者有双向交流,能表达意见及提出建议,但建议不一定受到考虑。第四层为建立共识(Consensus Building),即通过谈判达到大家均可接受的共识。第五层是参与决策(Decision Making),由各利益相关者集体讨论后共同作出决定。再深一层是共担风险(Risk Sharing),即社区明白并愿意承担决定所带来的利益和风险。第七层是伙伴关系(Partnership)的确立,即所有利益相关者为了共同的目标而建立彼此尊重、平等合作的关系。最高的境界是进入自我管理(Self-Management)阶段,社区所有人士都积极、自觉地投入在项目的所有环节之中。若以这八级来评定,一般的工作点都已做到第四级,即建立共识以上。某些走在最前的项目点,已开始自我管理某些活动,例如'永胜之窗'的妇女手工艺小组。"

另一位工作人员认为:"若以简单的五级分类,多数的项目社区目前在三到四级之间。"一级是没有参与;二级为单向参与,即被告知;三级为双向参与,即被咨询、交流,却不一定影响决策;四级为参与决策及分享对资源之控制的过程;五级乃平等地作出决策及对资源予以控制,即再没有权威的存在[16]。

当被问及推行参与式发展工作时遇到哪些困难,受访人员有如下回答:

"社区参与是需要大量人力资源的工作。项目开始之初,社区工作人员的招聘及培训是最艰巨的工作。在县城根本没有具备这样经验的工作人员,要组织并亲手建立工作团队,要费很大精力。

"农村社区分散在大山里,项目开始时很多自然村都还没有通路;下乡往往要用上几天时间,很费时。

"社区过去都没有参与的机会和经验。要建立他们的信心和能力,需要大量的人力和时间。

"社区精英(Community Elites)是在项目中参与最多的一群。工作人员一方面希望把最边缘和弱势的群体也动员起来;另一方面,很多时候却没有选择的余地,唯有让精英成为社区的代表。这是限于人力资源和效率上的考虑。

"政府人员习惯了由上而下的管治方式,开始时觉得动员群众、听取社区意见费时失事,这样的做事方法欠缺效率。所以团队内部也用了很多工夫和时间,才达成共识。

"工作人员的更替、流失常令人力资源紧张。我们要经常检讨同事的福利和待遇,希望留住有经验的工作人员。然而近几年公务员的待遇大幅提升,我们很难与政府所提供的福利竞争。"这是因为很多项目办的工作人员,是县政府编制以外的,都是从不同的单位借调过来的,一段时间后,他们都可以选择回原单位工作。

"虽然要面对种种的困难,每位工作人员在谈论到他们所自愿投身的扶贫事业时,都是充满热诚和信心的。

"永胜项目社区的进度是让人满意的。目睹过去10年间的改变,我们有信心在项目结束时,社区在协会和政府的领导下能够持续地发展下去。

"所谓十年树木,百年树人,以人为本的发展工作是需要长时间的投入的。永胜项目走到今天累积了大量经验,栽培了不少发展工作的人才。我们的团队是永胜本地的一大资源。

"今天社区里的人,跟10年前很不一样。他们会主动地从山上跑到宣明会和社区发展协会,讲出他们的发展要求和希望得到的帮助。"

二、其他国内学者的评估

不断从经验中学习是宣明会努力建立的机构文化之一。因此,在永胜项目进行几年之后,宣明会便分批邀请了多位国内知名学者到永胜项目点进行考察评估,听取专家客观的意见,以求得到专业的项目建议,让项目更臻完善。其中,云南社会科学院社会学系的赵群在了解永胜项目的设计、实施及管理后,对项目进行了一定深度的评估。

赵群在评估中指出:"宣明会永胜项目在设计、实施和管理过程中,根据当地的自然、经济、政治、社会和文化状况,形成永胜项目的特点。这些特点概括起来有以下几个方面。

"首先,项目重视农户的参与和对于农户的授权,让农户参与到项目的全部过程,包括项目选择、项目设计、实施和管理、评估,希望在这一过程中提高能力,进而获得项目的决策权。在这一过程中,由于宣明会的项目官员是长驻项目县,与当地项目工作人员共同工作,这是能够自下而上地组织村民、参与项目设计、实施和管理的有利条件。

"其次,作为一个外来的非政府援助机构,通过诚恳的态度、勤奋的工作和对于当地经济和发展的调查分析与掌握,与当地政府建立了良好的合作伙伴关系。这是宣明会永胜项目较为明显的特征,政府不仅在几乎所有项目上有配套经济支持,而且随着项目规模的不断发展,政府为宣明会永胜项目办公室配备的人员不断增加,在乡级基本也是由项目乡扶贫办的人员承担项目的工作。宣明会永胜项目官员认为,虽然作为非政府组织其强调自下而上的原则,而中国政府有一个强大的自上而下、机制完全不同的体系。换个角度来讲这是优势,由于彼此不同才有合作的空间和需要,可以找到结合点将冲突变为和谐。从宣明会永胜项目为时不长的实践中可以看到,无论自下而上还是自上而下都只是寻到一方面的优势,只有将二者结合才能相得益彰。

"再次,注意到项目的可持续发展问题,在项目进入到当地的初期,项目官员就意识到当项目的外来资金和人员离开时,项目还应该具有可持续性。那么就建立起可持续性的机制。正是从可持续发展的角度来考虑,在人才方面,项目办一开始就坚持农户的参与,在过程中强调授权,并把它作为当地能力提升的手段。而对于县、乡级的项目工作人员,将举办培训作为提高项目管理水平和财务能力的手段之一,先后举办了'县域持续发展'系列培训两次,分别是农村地域持续发展现场研讨会和现代项目管理培训会。同时还举办'儿童为本、小区扶贫催化员培训'和'儿童为本、小区扶贫村民培训'。在资金方面,项目的资金没有完全由宣明会无偿承担,无论是政府的配套还是以无偿或低息的方式贷款给农户,或者农户投工或投劳的,都是探索未来项目资金运转可持续性的可能性。在项目点,参与项目的农户都自愿组成小组,兴修公路或水利工程,是以小组为单位来投工投劳,利用小组组员之间原有的相互帮助和协作的机制,并将之规范化和赋予更多的功能,贷款的项目也是以小组为单位而运转的。"

赵群又对永胜项目实行了4年的社区参与及社区发展进行评估,指出:"在永胜项目的设计阶段,参与性的项目设计经历了4个阶段:建立信任、参与式的自身身份与自我价值的认同、参与式的现状和未来憧憬的描述及参与式的项目设计⋯⋯从1997年7月至10月间,宣明会和政府官员一起到羊坪、团结和片角的枯木村等项目点,与村民通力合作,分析社区的现状、优势和劣势,最后形成了以户为单位重建生态的混林农业模式。"

"尽管目前永胜项目实施的时间还不长,许多方面的收效还需要时间,对它的影响和成效进行全面评估还为时过早。但根据项目的初步调查,永胜项目已取得初步成效。"赵群还观察到在永胜的社区中,"村民也是较为明显地划分为强、弱利益群体,而无法避免的是村中的'强族'总是在项目中获利较多的一群。在参与性的局限问题上,这样的授权与管理的限制客观存在。重要的不是消除这样的局限,而是在项目过程中不断突破这一局限,授权与提高能力、加强监督紧密结合起来,努力创造一种机制。而永胜项目正在实践中创造这样的机制[136]。"

另一位应邀到永胜进行评估的专家是南开大学社会学系关信平。关信平特别针对儿童为本中对儿童影响最为深远的教育环节,作出详细的审视。教育是建立人力资本的根源,是村民真正参与管

理自己事务的基本环节。以下是关信平对宣明会永胜项目中有关农村教育方面的目标、内容及成效的评语:

"鉴于教育对于贫困地区的经济与社会发展有着至关重要的意义,并且在项目区中教育发展确实严重落后,以致已经严重地影响着当地的经济与社会的发展,因此,宣明会自进入项目区以来,一直将教育项目放在相当重要的位置。"

三、永胜项目面临的挑战

以上来自各方面的反馈显示,永胜项目10年来的实施,取得了一定成果。然而,这些成果离"让社区能完全主动参与,拥有项目并可持续地发展下去"还有一段很长的路要走,未来依然充满挑战。结合专家们的意见,作者分析了目前项目推行需面对的挑战和解决的问题。

(一) 社区参与的广度和深度有待加强

经过多年的社区工作,参与的概念已为社区接纳,但在实践中,其仍然未能深入民心。虽然大部分村民乐意出席项目办安排的社区村民会议,但真正认同项目并具有主动性的只是小部分社区精英(赵群称之为村中的"强族")。因为山区交通不便,社区分散居住,而村与村之间往返费时费力,协助发展工作的人仍属少数,社区动员工作未能推广到最边缘化的人群。以人为本的发展工作需要大量人力投入,如何动员更多的人力资源是项目面临的最大考验。

(二) 政府的参与

正如到访专家指出的,政府参与不能仅仅局限于政府领导从外部的支持和协调。目前积极参与项目的地方政府官员,仍然局限于与扶贫工作有直接关系的职能部门,如教育、民政等。其他部门往往未能把永胜项目与自己的工作联系起来,主动参与其中。如赵群所述,卫生部门把项目活动看成额外工作的情况时有发生[136]。如何把目前仍未积极参与的县、乡级不同部门的人员动员起来,将是项目办工作人员的另一挑战。

此外,合作制度上也存在缺陷。该五位调配在项目办的政府编制人员有被边缘化的倾向。因在项目办上班而远离上级及原属部门的人际网络,使他们的业绩容易被忽略,升职机会出现时有被遗忘的忧虑。这些都会变成复杂的心态,导致不稳定及增加人员的流动性。

(三)国际非政府组织与地方政府工作方式的差异问题

宣明会派驻的员工与当地官员无论对工作的要求、面对群众的态度和权力的运用等观念,都存在着差异。通过10年来的沟通、了解和接纳,差异正在减小,但仍然在一些问题上存在意见分歧,例如,政府认为由下而上的工作方式花费大量时间,没有效率。这些差异源于非政府组织与政府之间本质上的分别,不是个别人事的问题。两批身份不同的人员在同一个项目办公室工作,如何能建立共识,推动真正意义上的参与式发展是项目办面临的重大考验。

第五章　参与式发展工作的实践总结

第一节　政府与非政府组织扶贫工作之比较

改革开放以来,政府主导的扶贫工作取得了丰硕成果。在参与式发展工作上,政府和非政府组织在项目的具体执行上有何不同?很多学者都做过分析,本书将其观点汇总如下。

一、在基本思维上的区别

李周在其《社会扶贫中政府行为比较研究》报告中发现,政府官员的传统管治方式与固定思维,不利其向群众赋权:"我们在调查中发现,政府非专职扶贫人员几乎都不清楚贫困群体最缺乏的是发展的机会而不是发展的能力。而且有一个近乎固定的思维定式,即贫困地区的干部素质低,贫困群体的素质更低。……它们的扶贫项目最终是采用自上而下的方式决定的。由于缺乏贫困群体的参与,缺乏向贫困群体赋权,缺乏与群体互动的方式。……中央国家机关扶贫,多采用自上而下的扶贫方式,尽管各单位在确定扶贫方案时一般到过项目点调查,也很大程度地参考地方的意见,但没有采用参与式的方法,让群众自己做出选择,因此不属于真正意义上的自下而上的方式[17]。"

由此可见,以人为本的理念目前尚未为贫困地区的地方干部所理解并接纳。由他们来执行参与式发展工作容易使之变得形式化。而非政府组织很大的一个特征是其对贫困人群的尊重,采用的是自下而上的工作方式。这对促进村民的真正参与有事半功倍的效果。

"从理论上说,政府要向多数人负责,它势必倾向于关注和满足多数人的共同需要,因此很难对小群体的特殊需要做出反应[143]。"相反,"由于从事非营利工作的人或多或少都具有一些利他主义精神,而且非政府组织的领袖往往具有强烈的同情心和责任感,因此非政府组织能够对弱势群体的需求做出反应,真正体现'扶贫济困'的理念。由于非政府组织不必对全体社会成员负责,它们可以对特定群作的特定需求做出反应[143]。"

二、在工作动力上的区别

很多地方干部是被上级指派参加参与式发展工作中。参与扶贫只是一项临时性的工作,李周称之为"要我扶贫"。况且官员在扶贫活动中累积的经验对今后的工作或仕途不会有太大的作用,所以,很难有恒久的积极性。反之,参加到非政府组织的工作人员绝大部分是自愿选择以帮助穷人为职业,属于"我要扶贫"的体现,故有其积极性[17]。

三、在资源使用效率上的区别

研究非政府组织扶贫的学者指出:"在扶贫活动中,非政府组织具有较高的资源使用效率,突出表现为非政府组织的命中率远远高于政府。这不是偶然的。对扶贫的组织者的最直接的监督来自两个方面——捐赠人和受益人。一般来说,受益人总是处于不利境地,对政府和非政府组织都缺乏有效的监督能力。但是,捐赠人的处境就好多了。虽然他们不能总是有效地监督政府,却可以比较有效地监督非政府组织[137]。"

李周的研究发现,由政府实施的扶贫项目,出现扶贫资金严重渗漏的问题。据统计,扶贫资金的80%没有到村、到户,只是到达贫困地区。地方政府的主要考虑是整体区域的经济发展而非个别指定的贫困村,因此扶贫资金往往被用于区内像公路等基础建设,扶贫贷款也偏向借予能够增加税收的工业企业和富裕家庭。这种情况导致资金未能瞄准贫困群体,大大降低了扶贫资金的使用效率[17]。

另一位非政府组织扶贫的研究学者康晓光也有相同的观察:"在中国大陆,政府的扶贫资源使用效率并不令人满意。对于财政极度紧张的贫困地方政府来说,上级下拨的扶贫资源是最大的一笔可支配的'活钱'。由于几乎不存在来自纳税人的监督,而且贫困人口的政治参与能力几乎为零,因此滥用这笔扶贫资源是最安全的。所以在政府扶贫过程中腐败现象极为严重,挪用、截留、挤占、贪污等无所不在。扶贫资源很难落到贫困农户手中。尽管扶贫行动促进了贫困地区的整体经济发展,扶贫资源的使用无疑是低效率的[137]。"

相对而言,国际非政府组织的特点是重在推广其扶贫的理念以及在国外已经获得成功的扶贫模式,从而影响中国的扶贫政策[17]。这些民间机构可以为地方政府带来额外的扶贫资源。"虽然非政府组织的资源动员能力与政府不可同日而语,但是它可以动员那些政府无法动员的资源进入扶贫领域[137]。"就如宣明会为永胜带来的是额外的资源,地方政府也乐意其帮助贫困社区中之特困群体。

四、在推动参与式发展做法上的区别

近年来,在国际扶贫发展组织和众多学者的推动下,参与式发展得到国务院扶贫部门认可,全国贫困农村开始采用参与式村级发展规划。该工作使用各种参与式工具,例如利用参与式快速评估方法、半结构访谈、实地考察等以获取基本数据。由村委员组织村民进行讨论,对农户进行分类,对贫困农户所面临的贫困问题及原因进行分析,将问题的因果关系以问题树的方式归纳出来。再与村民一起寻找解决问题的方案,使其变成扶贫开发的项目内容。之后针对发展项目的优劣势,进行可行性分析。确定项目后,再让受益群体和参与群体确认。然后进行项目设计、建立监测与评估系统,最后形成规划文本[8]。整个过程基本上与非政府组织所采用的方法一样。参与式发展方法对于政府推行扶贫工作有重要意义。截止到2002年年底,全国27个省91 067个贫困村已编制了村级发展规划,占贫困村总数的61.5%。

就参与式的技术系统而言,上述做法已达到国际水平,与永胜项目的做法没有多大分别。理论上,大规模使用参与式的扶贫方法将带来明显的效果。然而,参与式方法是以人为本的工作,需要众多人力资源长时间投入在社区工作。工作人员的培训、素质和投入程度将直接影响项目的成败。政府大规模的参与式发展工作主要通过乡村干部推行,更要在短时间内完成,很容易让项目变成有名无实的参与式发展。而民间组织推行参与式工作的做法则不同,如宣明会在永胜,首先是要建立专业的扶贫工作队伍,然后由他们去长期负责项目的执行,保证了项目的实施效果。所以,缺少非政府扶贫组织的参与,政府人员推行参与式发展工作过程中的种种弊端无法规避,则必然会影响参与式村级规划的成效。

总体而言,由政府负责政策厘定,再由非政府组织推动参与式发展是最符合彼此优势的做法,得到很多学者的认可,也符合国际经验。李周总结指出:"政府非专职扶贫机构扶贫,实际上是在非政府组织发育不足的情形下替代非政府组织的权宜之计,所以更好的选择,是发展非政府组织,为政府非专职扶贫机构的退出创造条件[17]。"

通过永胜扶贫项目的研究,我们很自然地引申出以下的问题:国际扶贫组织和中国政府在中国的扶贫工作上可以各自扮演怎样的角色?彼此是对立关系还是伙伴关系?如何优势互补,为中国的扶贫发展作出更大的贡献?

在中国,虽然随着农村剩余劳动力向城镇转移,城市贫困成为新的问题,但贫困人口仍然集中于环境恶劣的偏远山区,如永胜。中国农村扶贫的一个主要特点是政府主导。国家目前明确的扶贫策略是开发式扶贫,即政府在扶贫工作中不但负责政策的制定,还主导资源的筹集及分配、项目的选择及政府之外各种扶贫力量的动员及协调。

部分经济学者对政府主导的开发式扶贫作出以下的评论:政府主导的主要优点是动员资源的力量比较强,有助于集中瞄准主要的贫困区域进行开发。政府在公共物品的提供上有优势,政府主导的开发式扶贫可以较快地为贫困地区提供基础设施及其他公共物品。

但政府主导的方式也有其缺陷。其核心问题是在政府失灵的情况下,容易造成效率低下,资源浪费,甚至扶贫资源被挪作其他用途等问题。事实上,公共经济学理论和国内外实践都一再证明,非政府组织所进行的扶贫活动在一些环节上往往比政府部门更具效率。中国的扶贫活动恰恰表现为政府的过度主导,在很大程度上排斥非政府组织的参与,进而引起效率低下的问题。政府如果能够适当地降低对扶贫活动的主导程度,中国的扶贫在效率方面还有较大的提升空间。

此外,关于扶贫成效的数据资料往往主要依靠地方政府的报表资料才能获得,在这种情况下,地方政府将扶贫资源挪作他用并在扶贫方面不做或少做就有可能不会受到相应的惩罚,这也是影响扶贫效果的原因之一[138]。

第二节 非政府组织对中国扶贫的作用

本书案例显示,政府以外的民间组织对中国的农村扶贫开发工作也起了很大作用。林毅夫等这样总结非政府组织近年在中国扶贫过程中所发挥的作用:

① 资金筹集方面,根据何道峰等的观点,仅从筹集资金的数量看,在整个"国家八七扶贫攻坚计划"期间,非政府组织的贡献达到20%～35%,平均达到28%[139]。

② 除资金外,非政府组织更以其在扶贫模式创新、扶贫到户、提高扶贫效率等方面的出色表现影响着政府主导的扶贫活动。

具体来说,非政府组织更容易引入新的模式和方法,并且始终主导着对国外扶贫先进经验的引进。它们使用相对灵活的机制,往往在扶贫的某个领域或者某个特定地理区域进行专业化的扶贫项目,这有利于在扶贫活动中通过不断创新来改进扶贫效果。在吸收国外先进经验方面,非政府组织也以其灵活的组织方式和积极的态度,显示出自己的优势。

资源分配上,非政府组织的扶贫项目都能做到扶贫到户。政府主导的扶贫项目往往因地方政府在扶贫工作之外还有其他工作任务,分身乏术,工作无法进一步深入,使得扶贫资源不能真正落实到贫困家庭,而非政府组织的扶贫项目则在很大程度上避免了上述缺陷。

林毅夫指出:"在扶贫理念方面,由于长期受计划经济体制和思维的影响,中国政府的扶贫理念也存在很大的局限性,例如过分强调自上而下的计划性,忽略穷人的能力和参与,缺乏性别意识,强调物质资本的作用而轻视人力资本或社会资本的作用等。国际扶贫项目的成功实施部分地改善了政府的扶贫理念,如现在承认并试图提高穷人各方面的能力和参与的积极性,开始强调综合发展,注意妇女和其他弱势群体的特殊需要等。

"国际机构,包括国际扶贫非政府组织在中国的扶贫行动中引入了大量的新扶贫方式,并且逐步被中国政府在自己的扶贫项目中采用,例如联合国开发署和其他机构引入的小额信贷项目不仅被政府扶贫部门采用,也被农村金融部门采用,尽管采用的方式还存在缺陷;另外,世银和亚洲开发银行引入的综合性扶贫开发和参与式发展模式已经广泛运用到政府项目之中[138]。"

国际扶贫机构的介入带来了永胜县发展的契机。世界宣明会作为国际扶贫机构对永胜这样的贫困地区的发展有何特别贡献?相对于国内的非政府组织,世界宣明会这样的国际非政府组织有什么样的优势?本书以永胜为例,作出分析。

一、国际非政府组织动员的大量资金

参与式发展需要大量的人力、物力及长期的投入,响应各方面需要,以综合发展(Integrated Development)的形式介入。相对而言,国内较小规模的扶贫活动,因受资源所限,往往只能专注某个单一的领域(Single Sector),如教育项目,一般是盖几所学校,对整个县域发展不能起到关键作用。而世界宣明会永胜项目,在较长的项目周期内,动员了大量资源。以下是本书对永胜项目动用资金及来源的分析:

1996年"二·三"大地震永胜项目办成立的两年内,宣明会共计投入救灾资金4 218 127元人民币。接下来的县域持续发展项目得到了香港宣明会的大力支持,于项目起始时资助4 108 000元人民币。而"儿童为本,小区扶贫"项目则选出1 200名贫困地区儿童作为社区代表,得到加拿大宣明会、新加坡宣明会、马来西亚宣明会和澳大利亚宣明会等地资助人的帮助,在项目周期内会有不断的项目投入。加上项目开展后再筹划的创新子项目,如农村发展学院等,至2006年春为止,项目总投入已超过3 000万元人民币。正如前文所述世界宣明会的架构和制度时谈到的,机构的筹款能力很强,能在短时间内在全球动员资金支持永胜项目。充裕的项目经费,让发展工作可以在没有资金压力的情况下长期开展,以达到可持续发展的目标。这优势是国内扶贫机构未能具备的。

二、国际间人力资源的互补调动

世界宣明会在全球推行参与式发展有较长的历史,比中国早了十多年,这当中积累了很多宝贵的实践经验。除了非洲和南美以外,宣明会在亚洲各国或地区也有很多工作经验。因永胜项目是机构在中国的第一个大型参与式发展项目,宣明会曾派出多位在亚洲工作多年的参与式发展专家,在项目点培训工作人员,并参与项目设计。

这些专家包括了来自中国台湾地区的林木笔①、来自印度尼西亚的Trihardi②以及来自印度的贾克伦③。他们不但把其国际经验介绍给国内新建立的工作队团，还印制了中文版的参与式发展工作手册，对宣明会国内扶贫工作专业技术的建立起了重大的推动作用，也直接或间接地促成了永胜项目不断走向成功。这些经验及人力资源的调动是跨国扶贫机构的强大优势。

三、国际先进水平规范

宣明会在全球推行参与式发展项目，不时有新的实践经验，并精益求精地将这些学习融入其项目管理体系之中。经过多年的实践，机构在2006年推出名为LEAP(Learning through Evaluationg with Accountability and Planning)的项目设计、监测及评估系统④，包括永胜项目在内的宣明会全球扶贫项目都要符合该系统的要求，进行年度监测及评估活动，并作出详细评估报告，以对投入的大量资金问责。这些对国际专业扶贫工作水平的要求，只有大型国际扶贫组织才能做到。

---

① 林木笔，美国丹佛大学社会工作系博士，1979～1986年于台湾展望会担任社区发展工作；于1994～2003年任职宣明会中国办行政总监，负责项目策划及员工培训等工作。
② SAPTOADI Trihardi，原为工程师，1987～1998年在印度尼西亚宣明会负责社区发展工作；于1998～1999年借调中国办，为参与式社区项目培训工作人员。
③ 贾克伦(JAYAKAREN Immanual Ravi)，从事社区综合发展工作近30年，曾长期在印度及柬埔寨宣明会工作。在20世纪80年代中与Dr. Robert Chambers相交，开始对参与式农村扶贫作深入实践研究，成为参与式农村评估/参与式学习与行动方面的专才。他于2001～2003年任职宣明会中国办，负责员工培训。
④ LEAP：Learning through Evaluation with Accountability and Planning，乃世界宣明会于2006年引入的项目设计、监察及评估工具系统，为全球近百国家宣明会的项目所共同使用，由受益小区参与在项目之设计、监察及评估过程中，以确保项目达到最高水平。

四、可作交流示范的全球宣明会项目点

分布在全球的宣明会的参与式发展项目点皆互相开放，给不同国家的工作人员提供了交流学习的机会。另外，也提供资源让来自不同国家的政府官员可到项目点考察，交流扶贫发展经验，拓宽视野。永胜项目也多次安排不同部门的官员外访，到中国香港、泰国、柬埔寨等地考察，与当地政府交流，并参观当地的发展项目。能作出这些安排，是大型国际扶贫组织的优势。

五、国际知名度的优势

宣明会在国际扶贫救灾领域的声誉，有利于其与中央以及地方政府建立合作关系。较高的知名度也使其能动员各领域的扶贫专家支持机构的发展项目，例如，永胜项目曾多次邀请世界银行、中国社会科学院、清华大学及中央扶贫部门的专家到访，作交流指导。同时，知名度的优势也利于动员海内外的捐助人、义工及大学生到访，对永胜县外部社会资本的建立起了很大的作用。

第三节　中国政府与非政府组织的关系

很多学者对中国政府与慈善部门的伙伴关系都作出过颇为深入的分析。学者指出，改革开放以来，国内民间组织开始发展。随着改革开放的深化，20世纪80年代后期，中国政府开始改变单一由国家提供福利的情况，政府逐步退出不同的社会事务领域，为民间组织开放了发展空间。民政部提出："要促进社会福利事业从单一的、封闭

的国家包办体制,转变为国家、集体、个人一起办的体制。要面向社会,多渠道、多层次、多形式地发展社会福利事业。"至2003年年底,全国登记社会团体达14.2万个,而全国在民政部门登记的民办非企业单位共有12.4万个。在这些民间组织中,有不少是参与扶贫工作的。根据清华大学非政府组织研究所的抽样调查,国内非政府组织活动领域涉及扶贫的有20.95%[140]。

然而,当中国踏上这条社会福利多元化(Welfare Pluralism)道路的同时,它与其他欧美国家有着明显不同的起点。在欧美国家,志愿组织在民间有着悠久的历史,公民社会的存在是它们实现及维持民主的重要机制。但中国几千年来都实行中央集权的国家体制,"社会力量弱小,社会组织或者不够发达,或者处于依附政府的地位[141]。"新中国成立后,到了50年代中后期,独立而具有一定程度自治性的社会领域已不存在。直到改革开放之后,国家与社会之间才发生结构变化,一个相对独立的社会领域在逐步成形,但国家支配性的地位基本上并无改变,政府对来自民间的社会力量依然非常谨慎;对慈善组织的发展也是一种非常矛盾的心态:一方面,希望效法国际社会的做法,发展慈善组织来共同承担对国民福利的责任;另一方面,担心失去对慈善组织的控制会导致社会不稳定。目前的情况是,出于意识形态和社会控制方面的考虑,政策上对非政府组织的成立实行了非常严格的限制。这导致了现有的全国性福利团体,大多数是从政府部门中分化出来的现象。这些组织的出现,很大程度是以获取民间资源作福利用途为目的,当中很多并不具备项目执行的能力或经验。这有别于国际间的非政府组织,是为政府所资助、受托去施行福利项目的。

这批全国性的非政府组织基本上被置于政府的直接控制下。有学者认为,严格上,并不符合国际对非政府组织的定义,是"形同质异"[142]。这种情况使其容易像政府机关一样有反应迟钝、墨守成规的官僚作风。而政府在人事管理上的过度介入,也使其变得效率低下,成员缺乏工作能力。"甚至比政府部门更为低效,管理上也更为混乱[143]。"

换句话说,中国政府只看中非政府组织动员民间资金的能力,却不了解非政府组织人力资源对扶贫工作的热诚是保持项目以人为本、高效发展的重要因素。

如果非政府组织绩效低下,会直接影响其获取社会资源的能力。中国的非政府组织并不像福利国家那样接受政府经济资助去具体实施福利项目,很大程度上需要自己努力去获取社会资源。有学者经调研后,对目前全国性慈善组织的评价是:"很难想象一个成员素质低下、缺乏工作热情、反应迟钝、行动迟缓的机构能够在竞争中获取足够的社会资源,更不可能和国际上的同类组织开展合作以获得更为广泛的国际资源[143]。"

众多关心社会发展的学者,对未来政府与非政府组织的合作关系都有着期望,希望目前的状况只是种过渡,而不是终极形态。他们指出,目前,非政府组织的过度政府化严重阻碍了其获取民间资源的能力,也影响了非政府组织帮助政府对弱势群体的救助、解决社会问题、化解社会矛盾等功能。目前,人们以消极的形式响应政府过度介入非政府组织,即绝大部分个人不对政府控制的慈善事业捐款,这对中国慈善事业发展是非常不利的。

总的来说,中国政府与非政府组织的关系正处于"十字街头"。一方面,政府意识到国家不可能独力承担社会福利的责任,这样做也不理想。"社会的事社会办"、"小政府,大社会"等口号已经耳熟能详。然而,社会组织的发展仍然停留在萌芽阶段。因为政府对社会控制的担心,目前,严苛的注册管控扼杀了非政府组织的成长,降低了其社会服务的能力。过度的控制,令"我们的非营利部门,无论在整体数量还是自身的能力建构上,都还不足以承担起政府所释放出来的福利责任[143]"。

康晓光一语道破了目前政府与非政府组织之间的微妙关系:"中国政府始终对非政府组织心存疑虑。1989年底政府颁布了《社会团体登记管理条例》,建立了非政府组织的双重管理体制,其设计初衷就是把非政府组织置于政府的直接控制之下[137]。"

其实,这种疑虑无异于因噎废食。若有不法分子借非政府组织之名做出非法行为,政府自有相关法律可对之进行取缔。正如常有人以企业之名进行非法勾当,但政府总不能把商业登记管理加以重重限制,影响市场的运作。政府应参照国际间管理非政府组织的做法,明确立法,让非政府组织依法登记以方便统一管理,订立运作标准以增加业界的透明度和提升水平。这比目前国内众多已存在的非政府组织要在夹缝中钻营,又无法可依的混乱情况来得合理。

按照现行的政府管理模式,非政府组织必须有相应的政府主管部门才能被允许成立,而在重大的事务决策方面,必须得到其主管部门同意方能进行,这使非政府组织在很大程度上依附于相应的主管部门。这种依附关系可能方便资金筹集,但其负面影响也是重大的。首先,非政府组织的创新能力可能因政府的限制而降低。其次,这些成立的限制导致了少数非政府组织的垄断地位,从而将非政府组织转变成"准政府"组织,结果是非政府组织在这"政府化"过程中丧失了其作为非政府组织的特征和优势,进而降低了其对公众社会的吸引力,不利于中国慈善事业的发展。而个别的扶贫组织,具有资金和运作实力的,唯有依靠自己的关系及各种资源,寻求机会参与实际的扶贫工作。

第四节　参与式发展工作中的若干发现

在中国,宣明会作为一个大型的国际扶贫组织需要不断努力,适应国内的政治环境,最大化地发挥其优势和作用。在缺乏相应法规给予其注册身份的情况下,宣明会与地方政府的合作是赋予其合法性的重要途径。而在合作过程中,宣明会也成功地将各种国际扶贫理念和发展模式,特别是参与式发展模式介绍给地方政府,让政府了解到社区人力资源开发以及赋权参与的重要性。目前,永胜县政府已经把参与式发展看成政府部门政策的一部分,与宣明会及其他非政府扶贫组织的合作关系也日趋成熟,对当地社区发起的农业协会也大力支持,为永胜迈向可持续发展打下坚实的基础。

一、永胜的贫困

永胜因其地理环境恶劣,缺乏发展机会,其贫困的责任并不在他们自己身上。永胜的贫困问题更多地符合以下的贫困理论所述内容。

(一) 贫困结构论

中国社会过去城乡分割的二元社会结构,导致构成贫困的农村社会结构。即使是今天,在永胜这样恶劣的自然环境下生活的老百姓到外地打工的仍属少数,这多少反映了从农村到城市流动的艰难性。

南京大学社会学系林卡和范晓光指出,改革开放前,国家通过户口制度、社区控制等手段,实施城乡隔绝政策。这些政策导致了工农互斥、城乡对立的形势,并在社会组织形态上,呈现出城乡二元结构的制度模式,出现了两个不平等阶层——特权的城市和没有特权的农村[144-146]。

目前,政府的政策开始改变。随着城市化的进程,劳务输出成为永胜县政府推动的减贫政策之一。展望将来,如果永胜的劳务输出计划能够扩大规模,加速城乡之间的人口流动,城乡二元的贫困结构有望打破。

(二)素质贫困论

根据宣明会的调查,一个影响人口素质的贫困文化,已经在永胜慢慢形成。如果不能打破固有的文化观念,贫困势必继续在这里蔓延。宣明会工作人员发现,这些负面因素,在儿童身上最为明显:

"以永胜羊坪乡为例,根据1997年统计数据,因村落分散,小学不足,儿童上学要走很远的山路,下雨天也有危险。因缺少教育经费,校舍都是陈旧不堪,危房有1 900多平方米。在全乡小学中,老师除了三角板外再有没任何的教学用具了。这些都是导致很多家长不愿送子女到学校读书、在校的学生厌学、老师不安心教书的原因。因为家庭经济困难和部分父母送孩子上学的意识不足,一些学生到了一定的年龄就得回家干繁重的农活,不能继续上学。"

羊坪儿童的入学统计,代表了在永胜山区一般的教育情况:"羊坪7~12岁适龄儿童入学率为88.3%,小学巩固率89%;小学的辍学率11%,女童的入学率为83.22%,小学男女生比例为100∶43;

初中学校 1 所,在校学生 41 人,其中女生 7 人。13～15 岁儿童入学率为 8.6%,中学巩固率 70%,中学的辍学率 30%;中学女童的入学率 5%,中学男女生比例为 100:17。12 岁以上的人口文盲半文盲 3 414 人,占当年总人口的 56.46%。"

上面的数据说明教育的落后严重影响了人口的素质,这也正是永胜贫困恶性循环的主因。王小强与白南风在 20 世纪 80 年代初期曾经提出,人口素质的低下是中国贫困的主因。他们指出,自然资源的富饶,很多时候有和贫困并存的矛盾现象。他们以进取心量表把人的素质量化,认为贫困的特征包括了"创业冲动微弱、易于满足、风险承受能力低等等"[147]。虽然后来这理论受到西方学者的质疑,但永胜的情况从一定程度上也反映了这样的论点。永胜如果要想走上脱贫发展的道路,教育及人力资源的培育是至为重要的切入点。

二、合作模式和经验

总的来说,如下原因说明,宣明会与永胜政府在扶贫项目上的合作模式是成功的,也是值得推广的。

(一)发展项目的成效有目共睹

通过调查发现,不论是宣明会本身的项目评估,永胜政府官员的评价,还是社区百姓的反馈,都可以看到社区经济上的发展、人力资源的提升以及社会资本的建立。多位外来学者的评估也肯定了永胜项目已达到很多预期效果,例如,儿童健康状况的改善、基础教育的改进、妇女地位的提升、粮食安全得到保障以及经济收入大幅提升等等。更为重要的是,经过数年参与式的过程,很多社区已经开始自觉和主动地参与在各项目中,社区得到赋权,开始进行自我管理的过程。到 2015 年项目结束时，永胜应该可以达到可持续的发展目标。

（二）宣明会与地方政府的合作成效明显，初期顾虑的问题没有发生

所谓"路遥知马力，日久见人心"，10 年时间中，宣明会和地方政府对于彼此的认识已非常深入。地方政府了解宣明会的工作宗旨和态度，每天在办公室一同工作，对其运作方式十分熟悉。当初害怕外来机构进行非法活动、扰乱治安的顾虑完全打消了。宣明会也见证了县政府对当初承诺的坚持，政府在政策和各项资源上始终如一地支持永胜项目。永胜项目让政府、社区及非政府组织处于多赢局面。宣明会介入所带来的项目成效远比政府预期的多。因此，2004 年，中期项目开始时，双方都希望把永胜项目延长至 2015 年，把项目重点实施区域再拓展到另外两个贫困乡。这是双方对合作模式表示满意的最佳证明。

（三）合作模式经得起考验

在过去 10 年中，项目实施并非一帆风顺。合作双方磨合阶段也有过意见分歧，出现过不同文化带来的沟通障碍。但共同建立的项目办公室和共同工作使双方的沟通更为直接和坦诚。紧密的日常接触，一同上山下乡，也使大家加深了理解。通过沟通和交流，宣明会和政府建立了互相尊重和信任的基础。同时，宣明会也尊重当地文化，努力培养当地的项目管理人员，至今已有两位永胜人被提升到项目主管职位。

总的来说，永胜合作关系的成功经验值得其他政府和非政府组织借鉴，这些经验包括以下几个方面。

① 与地方政府紧密的合作模式使彼此在日常工作中一同面对问题和解决问题，加深了对彼此工作理念、内容、态度等的了解，让双方能通过及时的沟通和交流，积极解决项目问题，也促进了彼此的了解、互信和尊重。

② 永胜政府的资金、土地和人力投入使其对项目有拥有感（Ownership）。这不单是宣明会及社区的项目，更是县政府的项目，是县政府行政部门的延伸。地方政府积极地投入在项目中，其利益相关者的身份为大家所认同。地方政府见证了运用参与式方法可以促进社会和谐，动员社区资源和力量，开始接纳赋权理念，更新其施政手段。

③ 宣明会对当地政府、社区及人才的尊重是项目成功的关键。宣明会在全球的扶贫经验使其能尊重地方智慧。参与式的工作模式、本地化的人才培养、对地方政府的尊重及坦诚沟通，是建立良好伙伴关系的成功要素。工作的持续开展有赖于各种本地化的人力资源的安排，培养和建立一支本地的专业扶贫队伍是项目成功的必要基础。

④ 宣明会在全球的筹款能力，保证了项目资金的供应。使项目人员经过一段时间深入社区的工作后，能根据社区新的需求设计新的项目内容。充裕的发展资金保证了参与式发展工作能在社区生根结果。同时，人才培养的工作也获得了稳定和长期的资金支持，使得社区人力资本不断得到提升，为可持续发展提供了根本的人力资源的保障。很多研究指出，过短的项目周期是参与式发展失败的主要原因。很多大型发展项目在一定时限内必须完成，项目工作人员在时间压力之下，往往会选择快速和简易的工作方法，而不能真正赋权予最有需要的群体，或者建立真正的草根组织来公平地划分权力，以

完成社区自我发展的过程。

⑤ 完整的撤出计划及预备工作。永胜项目到何时结束,宣明会撤出后如何持续下去,目前已经有了具体蓝图。农村社区发展协会的成立,人员的培训已奠定了撤出的基础。在未来几年间,项目的运作将逐步地由宣明会转移到协会的人员肩上。县政府也清楚明白宣明会撤出的安排,并作出了种种的配合。

三、案例意义及政策建议

本书分析了在永胜扶贫项目中,如何与地方政府建立伙伴关系,成功开展参与式发展项目。永胜项目的成功说明,在政府的支持和合作下,国际扶贫组织能够为中国的农村扶贫做出很大贡献。同时,本文也为在国内继续从事扶贫开发工作的机构、组织和国家政府提供以下建议,以期作为共同开展社会发展工作的借鉴。

① 非政府组织在参与式发展工作上有其独特的优势和贡献,这与其民间自发性、工作人员的工作热诚和志愿精神有着不可分割的关系。贫困社区中的弱势社群需要代言人,而非政府组织一直以来都为他们的利益发言。建议政府应积极参考国际大多数政府的做法,让更多民间自发、具资格的扶贫机构参与国家的社会福利工作,特别是参与式的扶贫工作。这与学者康晓光的建议相同:"首先,政府要转变态度。政府要认识到非政府组织既可能是对手,也可以成为伙伴。而且有效的公共管理和公共服务需要非政府组织的广泛参与。政府与非政府组织之间的关系,并不必然是'零和关系',也可以是一种'双赢关系'"[137]。"

② 尽快改善及落实扶贫工作的相关法规,降低门槛,让更多的非政府组织进行注册登记。这不但更方便政府管理,也提高非政府

组织的操作效率及项目运作水平,更可让公民社会在扶贫中的作用得到充分发挥,推动中国的慈善事业与国际接轨。

③ 国际性扶贫机构在国内已有多年的工作经验,带来很大贡献。政府应该考虑让其落地生根,成立中国分会,由国人管理,把其经验及国际网络延为己用,不但可以加大它们对国内扶贫工作的投入,更可借其经验推动中国慈善工作,提高非政府组织管理水平。"政府应进一步转换角色和功能,由事无大小的具体操作转向善治,由'划桨者'变为'掌舵人',努力建立政府、企业与非政府组织的伙伴关系[74]。"

以上的建议若能尽早执行,民间庞大的公民力量可以被积极地引导于社会服务之上,不但"小政府、大社会"的构思可以实现,和谐社会的宏大理想亦指日可期。

参 考 文 献

[1] 王颖、折晓叶、孙炳耀:《社会中间层——改革与中国社团组织》,中国发展出版社,1993年。

[2] 郭于华等:《事业共同体——第三部门激励制度个案探索》,浙江人民出版社,2000年。

[3] 孙立平等:《动员与参与——第三部门募捐个案研究》,浙江人民出版社,2000年。

[4] 陈太勇、濮家眙等:"国际小母牛项目在中国乡村发展中的作用",《非营利部门与中国发展国际研讨会文集》,1999年。

[5] 王名、邓国胜:"中国NGO研究——以个案为中心2001",《联合国区域发展中心研究报告》2001年第43期,第27～41页。

[6] 邓莉雅、王金红:"中国NGO生存与发展约制的因素",《社会学研究》,2004年第2期,第89～97页。

[7] 陈锦堂:"中国非政府组织发展与福利社会化政策",范丽珠主编:《全球化下的社会变迁与非政府组织》,上海人民出版社,2003年,第350～351页。

[8] 李小云:《普通发展学》,社会科学文献出版社,2005年,第13、17、22～31、94～106、213～218、228～232页。

[9] Sen, Amartya K. 1999. *Development as Freedom*. Alfred A. Knopf Press, New York, pp. 13～35.

[10] United Nation Development Programme 1990. *Human Development Report*. Oxford University Press, New York, pp. 89～108, 19～26.

[11] 汪三贵:"中国扶贫制度的安排与治理问题",王国良主编:《中国扶贫政策——趋势与挑战》,社会科学文献出版社,2005年,第305页。

[12] 吴忠民、刘祖云:《发展社会学》,高等教育出版社,2002年,第293、294页。

[13] 李强:《当代中国社会分层与流动》,中国经济出版社,1993年,第353～362页。

[14] 韩劲:《走出贫困循环——中国贫困山区可持续发展理论与对策》,中国经济出版社,2006年,第5、63~65页。

[15] Wolfensohn, John 2001. *World Bank Development Report 2000/2001: Attacking Poverty*. World Bank and Oxford University Press, New York, pp. 1~3.

[16] 李小云:《参与式发展概论》,中国农业大学出版社,2001年,第3、21~35、29、32~33、232页。

[17] 李周:《社会扶贫中的政府行为比较研究》,中国经济出版社,2001年,第24、34、70、119、122、171、172页。

[18] Gandhi, Mohandas Karamchand 1962. *Village Swaraj*. Ahmedabad. Navjivan Press, India.

[19] Freire, Paulo 1970. *Pedagogy of the Oppressed*. Trans. Myra Bergman Ramos. Herder and Herder, New York.

[20] White, Howard 1999. Politicizing Development? The Role of Participation in the Activities of Aid Agencies. In Ken Gupta's *Foreign Aid: New Perspectives*. Kluwer Academic Press, Boston.

[21] Olson, Mancur 1973. *The Logic of Collective Action: Public Goods and the Theory of Groups*. Harvard University Press, Cambridge, Mass.

[22] Hardin, Russell 1982. *Collective Action*. Johns Hopkins University Press, Baltimore, Md.

[23] Chambers, Robert 1983. *Rural Development: Putting the First Last*. Longman, London.

[24] Escobar, Arturo 1995. *Encountering Development: The Making and Unmaking of the Third World*. Princeton University Press, Princeton, N. J.

[25] Scott, James 1998. *Seeing Like a State: How Certain Schemes to Improve the Human Condition Have Failed*. Yale University Press, New Haven, Conn.

[26] Sen, Amartya K. 1985. *Commodities and Capabilities*. Elsevier, Amsterdam.

[27] Narayan, Deepa and K. Ebbe 1997. *Design of Social Funds: Participation, Demand Orientation and Local Organizational Capacity*. World

Bank Discussion Paper 375. Washington, D. C. : World Bank.
[28] Narayan, Deepa. Ed 2002. *Empowerment and Poverty Reduction : A Sourcebook*. World Bank, Washington D. C..
[29] World Bank 2003. *World Development Report 2004 : Making Services Work for the Poor*. World Bank and Oxford University Press, Washington D. C..
[30] Mansuri, Ghazala and V. Rao 2004. Community-Based and-Driven Development: A Critical Review. *World Bank Research Observer*, Vol. 19, No. 1. pp. 1〜39.
[31] Dongier, Philip, J. Van Domelen, E. Ostrom, A. Ryan, W. Wakeman, A. Bebbington, S. Alkire, T. Esmail and M. Polski 2001. Community Driven Development. World Bank's Poverty Reduction Strategy Paper Sourcebook, Vol. 1, Washington, D. C..
[32] World Bank 2000. New Paths to Social Development: Community and Global Networks in Action. The World Banks Environmentally and Socially Sustainable Network, Washington, D. C..
[33] Putnam, Robert D. , R. Leonardi and R. Y. Nanetti 1993. *Making Democracy Work : Civic Traditions in Modern Italy*. Princeton University Press, Princeton N. J.
[34] Ostrom, Elinor, W. Lam and M. Lee 1994. The Performance of Self-governing Irrigation Systems in Nepal. *Human Systems Management*, Vol. 13, No. 3, pp. 197〜207.
[35] Uphoff, Norman 1986. *Improving International Irrigation Management with Framer Participation : Getting the Process Right*. Westview Press, Boulder, Colo.
[36] Narayan, Deepa 1998. Participatory Rural Development. In E. Lutz, H. Binswanger, P. Hazell and A. McCalla, eds. , *Agriculture and the Environment*, Washington D. C. : World Bank, 1998.
[37] Rao, Vijayendra and A. M. Ibanez 2003. The Social Impact of Social Funds in Jamaica: A mixed-Methods Analysis of Participation, Targeting and Collective Action in Community Driven Development. World Bank Policy Research Working Paper 2970, Washington, D. C..

[38] Khwaja, Asim Ijaz 2001. Can Group Projects Succeed in Bad Communities? Collective Action in the Himalayas. Cambridge, Mass. : Department of Economics, Harvard University, 2001.

[39] Finsterbusch, Kurt and W. Van Wicklin III 1989. Beneficiary Participation in Development Projects: Empirical Tests of Popular Theories. *Economic Development and Cultural Changes*, Vol. 37, No. 3, pp. 573~93.

[40] Paxson, Christina and N. Schady 2002. The Allocation and Impact of Social Funds: Spending on School Infrastructure in Peru. *World Bank Economic Review*, Vol. 16, No. 2, pp. 297~319.

[41] Chase, Robert S. and L. Sherburne-Benz 2001. *Household Effects of Community Education and Health Initiatives: Evaluating the Impact of the Zambia Social Fund*. World Bank, Washington D. C..

[42] Newman, John, M. Pradhan, L. Rawlings, G. Ridder, R. Coa and J. L. Evia 2002. An Impact Evaluation of Education, Health and Water Supply Investments by the Bolivian Social Investment Fund. *World Bank Economic Review*, Vol. 16, No. 2, pp. 241~274.

[43] King, Elizabeth. M. and B. Ozler 2000. *What's Decentralization Got to Do with Learning? Endogenous School Quality and Student Performance in Nicaragua*. World Bank Development Research Group, Washington D. C..

[44] Jimenez, Emmanuel and V. Paqueo 1996. Do Local Contribution Affect the Efficiency of Public Primary Schools? *Economic of Education Review*, Vol. 15, No. 4, pp. 377~386,415~441.

[45] Katz, Travis and J. Sara 1997. *Making Rural Water Supply Sustainable: Recommendations from a Global Study*. Water and Sanitation Program, Washington, D. C..

[46] Isham, Jonathan and S. Kahkonen 1999. *What Determines the Effectiveness of Community-Based Water Projects? Evidence from Central Java, Indonesia, on Demand Responsiveness, Service Rules, and Social Capital*. World Bank Environmentally and Socially Sustainable Development Network's Social Capital Initiative Paper No. 14, Washington, D. C..

[47] Isham, Jonathan and S. Kahkonen 1999. *Institutional Determinants of*

the Impact of Community-Based Water Services: Evidence from Sri-Lanka and India. Working Paper 236, University of Maryland, Center for Institutional Reform and the Informal Sector, College Park, Md.

[48] Finsterbusch, Kurt and W. Van Wicklin III 1989. Beneficiary Participation in Development Projects: Empirical Tests of Popular Theories. *Economic Development and Cultural Changes*, Vol. 37, No. 3, pp. 573~93.

[49] Summers, Lawrence 2001. *Speech at World Bank Country Director's Retreat* - 2001, Washington D. C..

[50] Harriss, John 2001. *Depoliticizing Development: The World Bank and Social Capital*. Left Word Books, New Delhi.

[51] Mosse, David 2001. *People's Knowledge, Participation and Patronage: Operations and Representations in Rural Development*. Bill Cooke and Uma Kothari, eds. , Participation: The New Tyranny. London: Zed Books, 2001.

[52] Bill, Cooke and U. Kothari. Eds. 2001. *Participation: The New Tyranny*. Zed Books, London.

[53] Garrett, Hardin 1968. *The Tragedy of the Commons*, *Science*, Vol. 162, No. 3859, pp. 1243~1248.

[54] Demsetz, Harold 1970. The Private Production of Public Goods. *Journal of Law and Economics*, Vol. 13, No. 2, pp. 293~306.

[55] North, Douglass 1990. *Institutions, Institutional Change and Economic Performance*. Cambridge University Press, Cambridge, United Kingdom.

[56] Ribot, Jesse C. 1995. From Exclusion to Participation: Turning Senegal's Forestry Policy Around? *World Development*, Vol. 23, No. 9, pp. 1587~1599.

[57] Alderman, Harold 2002. Do Local Officials Know Something We Don't? Decentralization of Targeted Transfers in Albania. *Journal of Public Economics*, Vol. 83, No. 3, pp. 375~404.

[58] Coady, David 2001. An Evaluation of the Distributional Power of PROGRESA's Cash Transfers in Mexico. FCND Discussion Paper No. 117,

International Food Policy Research Institute, Food Consumption and Nutrition Division, 2, Washington D. C..

[59] Hoddinott, John, M. Adato, T. Besley and L. J. Haddad 2001. Participation and Poverty Reduction: Issues, Theory, and New Evidence from South Africa. FCND Discussion Paper 98. International Food Policy Research Institute, Food Consumption & Nutrition Division, Washington D. C..

[60] Agarwal, Bina 2001. Participatory Exclusions, Community Forestry, and Gender: An Analysis for South Asia and a Conceptual Framework. *World Development*, Vol. 29, No. 10, pp. 1623~1648.

[61] Abraham, Anita and J. P. Platteau 2004. Participatory Development: When Culture Creeps. V. Rao and M. Walton, eds. Culture and Public Action: A Cross-Disciplinary Dialogues on Development Policy, Palo Alto. Stanford University Press, Calif.

[62] 张琢、马福云:《发展社会学》,中国社会科学出版社,2001年,第145~150页。

[63] 沃勒斯坦:《现代世界体系》,高等教育出版社,1998年,第一卷,第460~473页。

[64] Sen, Amartya K. 1999. *Development as Freedom*. New York: Alfred A. Knopf Press, pp. 3~11, 24~31.

[65] 林志斌、李小云:《性别与发展导论》,中国农业出版社,2001年,第5页。

[66] 童星:《发展社会学与中国现代化》,社会科学文献出版社,2005年,第251~271页。

[67] 叶赋桂:"现代化:合理化与本土化",《清华大学学报》,1988年第1期。

[68] 沈红:"中国贫困研究的社会学评述",《中国扶贫论文精粹(上)》,中国经济出版社,2001年,第68~69页。

[69] 杨建华:"内源性是科学发展的根本理念",《浙江学刊》,2005年第3期。

[70] 王名:《非营利组织管理概论2002》,中国人民大学出版社,2002年,第11、19页。

[71] 黄承伟:《中国农村反贫困的实践与思考》,中国财政经济出版社,2004年,第141页。

[72] 国务院新闻办事处:《中国的农村扶贫开发白皮书之三:扶贫开发的主要内容与途径》,2001年。

[73] Peter Willetts. What is a Non-Government Organization? UNESCO Encyclopedia of Life Support Systems Section 1 Article 1. 44. 3. 7.

[74] 吴东民、董西明主编:《非营利组织管理》,中国人民大学出版社,2003年,第2、25、135、78~79、133~135页。

[75] Theodore Levitt 1973. *The Third Sector - New Tactics for a Reforming Society*. AMACOM, New York.

[76] 何增科:《公民社会与第三部门》,社会科学文献出版社,2000年,第3页。

[77] (美)莱斯特·M. 萨拉蒙:《全球公民社会——非营利部门视界》,社会科学文献出版社,2007年,第1页。

[78] Lester M. Salamon and Helmut, K. Anheier 1997. *Defining the Non Profit Sector - A Cross National* Analysis. Manchester University Press.

[79] 托克维尔:《论美国的民主》,商务印书馆,1988,第213~214页。

[80] Burton Weisbrod 1974. *Toward a Theory of the Voluntary Nonprofit Sector in Three-Sector Economy*. E. Philips Edw. Altruism Morality & Economic Theory. Russel Sage, New York.

[81] Henry B. Hansmanu 1980. The Role of Non Profit Enterprise. *Yale Law Journal*, Vol. 89, pp. 835~901.

[82] Lester M. Salamon, S. Wojciech Sokolowski and Associates 2004. *Global Civil Society: Dimensions of the Nonprofit Sector, Volume 2*. Kumarian Press.

[83] Lester M. Salamon 1999. *America's Non Profit Sector: A Primer, Second Ed*. Foundation Centre, New York, pp. 29,33~34.

[84] 吴锦良:《政府改革与第三部门发展》,中国社会科学出版社,2001年,第331、365~379、381~382、383~385、388~389、391~394、395~396、405~406页。

[85] 张静:《法团主义》,中国社会科学出版社,1998年,第17页。

[86] Gidron, Benjamin, R. M. Kramer and L. M. Salamon. Eds 1992. *Government & the Third Sector-Emerging Relationships in Welfare States*. Jossey-Bass Publishers, San Francisco, pp. 31~32.

[87] Stein Kuhnle and Per Selle 1992. The Historical Precedent for Government-Nonprofit Cooperation in Norway. In Benjamin Gidron, Ralph M.

Kramer, Lester M. Salamon (eds), *Government and the Third Sector*, San Francisco: Jossey-Bass, pp. 75~99.

[88] Stephen P. Osborne 2003. *The Voluntary & Non-Profit Sector in Japan: The Challenge of Change*. Routledge, UK.

[89] 韦玉仪:"非政府机构之角色",香港社会服务联会:"政府在社会福利的角色",1993年。

[90] 亚洲开发银行:《亚行—政府—非政府组织合作:2003~2005年行动框架》,2003年,第9~16页。

[91] Lin Yifu Justin, Fang Cai, Zhou Li 1996. *The China Miracle: Development Strategy and Economic Reform*. The Chinese University Press, Hong Kong, pp. 289~295.

[92] 刘坚:"中国外资扶贫回顾与展望研讨会上的讲话",扶贫办外资专案管理中心:北京扶贫办外资专案管理中心会议秘书处编,2005年,北京。

[93] 邓小平:《邓小平文选》,人民出版社,1989年。

[94] 世界银行:《中国国家经济报告:推动公平经济增长》,清华大学出版社,2003年。

[95] 胡鞍钢:《中国:新发现观》,浙江人民出版社,2004年,第13~14页。

[96] 中华人民共和国民政部大事记编委会:《中华人民共和国民政部大事记》,中国社会出版社,1988年。

[97] 卢锋:"中国:探讨第二代农村反贫困策略",北京大学中国经济研究中心:"北京大学中国经济研究中心与世界银行研究院'扶贫与发展'系列研讨会评述",2001年,第3页。

[98] 康晓光:《中国国内扶贫行动评述》专题研究报告,1998年。

[99] 国家统计局农调队:《中国农村贫困监测报告2000》,中国统计出版社,2000年,第53页。

[100] 国务院扶贫办公室:"中国农村扶贫开发纲要(2001~2010年)",国务院扶贫办公室网站,www.cpad.gov.cn.

[101] 温家宝:"温家宝总理在上海的世界银行全球扶贫大会上的讲话",见:http://www.cctv.com/news/china/20040526/100435.shtml,2004年5月26日。

[102] 马秋莎:"全球化——国际非政府组织与中国民间组织的发展",《开放时代》,2006年2月刊,第75~87页。

[103] 黄浩明:《国际民间组织:合作实务与管理》,对外经济贸易大学出版社,2000年,第10页。

[104]《中国发展简报》,1999年10月刊,第1页。

[105] 王永庆:"发展:从单线进化论到非单线进化论",《困惑中的思考》,1998年。

[106] 王景新等:"中国转型时期反贫困治理结构国际研讨会综述",《开发研究》,1998年第4期。

[107] 李小云:《谁是农村发展的主体》,中国农业大学出版社,1999年。

[108] 沈红:《中国贫困研究的社会学评述》,《中国扶贫论文精粹(上)》,中国经济出版社,2001年,第68～69页。

[109] 徐鲜梅:"论小额钱信贷扶贫对象主体问题",《浙江学刊》,1997年第6期。

[110] Carroll, Thomas, M. Schmidt and T. Bebbington 2002. Participation and Intermediary NGOs. World Bank Participation Source Book Appendix II: Working Paper Summaries, World Bank.

[111] Strauss Anselm, J. and J. M. Corbin 1990. *Basics of Qualitative Research - Grounded Theory: Procedures & Techniques*. Sage Publications, New York, pp. 57～194.

[112] Lincoln, Yvonna S. and E. G. Guba 1985. *Naturalistic Inquiry*. Sage Newbury Park, CA, p. 314.

[113] 云南省永胜县史志委员会办公室主编:《永胜县志》,1997年,第16～17页。

[114] 国际宣明会内部文件:"永胜县基础线调查报告",1997年。

[115] David S. Landes 1999. *The Wealth and Poverty of Nations*. Norton and Company, New York, p. 1.

[116] 王大超:《转型期中国城乡反贫困问题研究》,人民出版社,2004年,第114、137页。

[117] 云南省永胜县史志委员会办公室主编:《永胜县情》,2000年,第1页。

[118] United Nation Development Programme 2000. *Human Development Report 2000*. Oxford University Press, New York.

[119] 胡鞍纲、温军、群刚、常志霄:"西部开发新模式与新原则",《管理世界》,2004年第6期,第48页。

[120] Smillie, I. and Helmich, H. 1999. *Stakeholders, Government NGO Partnership for International Development*. Earthscan Publications Ltd., London, pp. 8, 17, 19.

[121] 阎明复:《美国慈善事业一瞥》,中国社会出版社,2001年,第37~41页。

[122] Dunker, Marilee Pierce 2005. *Man of Vision -Bob & Lorraine Pierce*. Authentic Media, pp. 161~172.

[123] Hirsch, D. 2006. In Memory of Dr. Ted Engstrom. World Vision International Internal Document.

[124] Hestenes, Roberta 2006. Laying the Foundations: Brief Reflections on World Vision History. World Vision International Document, pp. 2~6.

[125] 国际世界宣明会:"世界宣明会五十周年纪念特刊",世界宣明会中国办事处,2000年,第9页。

[126] World Vision International 2006. Policy on Witness to Jesus Christ.

[127] World Vision International 1982. WVI Policy Paper: Statement of Core Values.

[128] Wikipedia: www. wikipedia. org.

[129] Smith S. R. and Lipsky M. 1993. *Nonprofits for Hire: The Welfare State in the Age of Contracting*. Harvard University Press, Cambridge, p. 216.

[130] 莱因斯坦:"导论",韦伯:《论经济与社会中的法律》,张乃根译,中国大百科全书出版社,1998年,第38页。

[131] 高丙中:"社会团体的合法性问题",《中国社会科学》,2000年第2期,第108~130页。

[132] Parsons T. 1960. *Structure and Process in Modern Societies*. Free Press, New York. p. 58.

[133] Max Weber 1968. *Economy and Society*. Bedminster Press, New York, p. 42.

[134] 江勇:"印象永胜、想象永胜",云南省永胜县人民政府永胜项目办公室序一,2006年,第1页。

[135] 魏建平、关黎丽等:"世界宣明会儿童为本区域发展项目与儿童营养改善的善相关性分析",《印象永胜、想象永胜》,2006年。

[136] 黄平、周晓虹、谢晓光:《西部经验:对西部农村的调查与思索》,社会科学

文献出版社,2006 年,第 58~74 页。
[137] 康晓光:《NGO 扶贫行为研究》,中国经济出版社,2001 年,第 36、109、117、120、127、175 页。
[138] 林毅夫、林永军:"中国扶贫政策——趋势与挑战",王国良主编:《中国扶贫政策——趋势与挑战》,社会科学文献出版社,2005 年,第 34、41 页。
[139] 何道峰:"中国 NGO 的历史使命",2001 年在中国 NGO 扶贫国际会议上的发言,http://www.cfpa.org.cn/page_lsp/NGO_INDEX/11.htm.
[140] 邓国胜:《NGO 扶贫的行为准则与评估制度》,社会科学文献出版社,2001 年。
[141] 张曙光:《张曙光经济学书评集》,四川人民出版社,1999 年。
[142] 沈原、孙五三:《制度的形同质异与社会团体发育》,中国青少年发展基金会编:《处于十字路口的中国社团》,天津人民出版社,2000 年。
[143] 田凯:"组织外形化:非协调约束下的组织运作——关于慈善组织与政府关系的个案研究"(博士论文),北京大学,2002 年,第 124、126 页。
[144] 樊平:"中国城镇的低收入群体——对城镇在业贫困者的社会考察",《中国社会科学》,1996 年第 4 期。
[145] 林卡、范晓光:"贫困和反贫困——对中国贫困类型变迁及反贫困政策的研究",《社会科学战线》,2006 年。
[146] Fan C. C. 2002. The Elite, the Natives, and the Outsiders: Migration and Labour Market Segmentation in Urban China. *Annals of the American Association of Geographers*, Vol. 92, No. 1.
[147] 王小强、白南风:《富饶的贫困》,四川人民出版社,1986 年,第 56 页。